Student Activities Manual

SUR LE VIF

SIXTH EDITION

Hannelore Jarausch
University of North Carolina, Chapel Hill

Clare Tufts
Duke University

HEINLE
CENGAGE Learning·

Australia • Brazil • Japan • Korea • Mexico • Singapore • Spain • United Kingdom • United States

HEINLE
CENGAGE Learning®

For product information and technology assistance, contact us at
**Cengage Learning Customer & Sales Support,
1-800-354-9706**

For permission to use material from this text or product, submit all requests online at **www.cengage.com/permissions**
Further permissions questions can be emailed to
permissionrequest@cengage.com

ISBN-13: 978-1-133-93602-2
ISBN-10: 1-133-93602-4

Heinle
20 Channel Center Street
Boston, MA 02210
USA

Cengage Learning is a leading provider of customized learning solutions with office locations around the globe, including Singapore, the United Kingdom, Australia, Mexico, Brazil, and Japan. Locate your local office at: **www.cengage.com/global**

Cengage Learning products are represented in Canada by Nelson Education, Ltd.

To learn more about Heinle, visit **www.cengage.com/heinle**

Purchase any of our products at your local college store or at our preferred online store
www.cengagebrain.com

Printed in the United States of America
1 2 3 4 5 6 7 16 15 14 13 12

Table of Contents

Preface

TO THE STUDENT

The Student Activities Manual to accompany *Sur le vif* **Sixième édition** has three sections. The largest two consist of a workbook focusing on grammar structures, and a lab manual to help you with both your pronunciation and your comprehension of spoken French. New to this edition are video viewing activities, found in the first half of the SAM, which ask you to apply your knowledge of the topics of the chapters to understand how young French people feel about the issues presented. All activities relate directly to the themes and grammar structures of the corresponding chapters in your textbook. Completion of this material outside of class will prepare you to participate more actively in class, reinforce your comprehension of vocabulary and grammar, and enhance your ability to understand, speak, read, and write in French.

Each chapter of the written activities section has multiple parts. The first, **Vocabulaire**, will help you learn the words and expressions in the vocabulary lists of each chapter. The **Entraînement** exercises are self-check, which means the answers will be found in the **Answer Key and Audio Script** (to be purchased separately) or provided through the on-line program **Quia.** These all right/all wrong exercises are followed by **Développement** activities that require longer answers and a more creative use of the chapter vocabulary. No answers can be provided for this section since they will vary from student to student. Your instructor must evaluate these. The **Structures** part follows the same pattern, with self-check exercises preceding more open-ended activities for each grammar point presented in the second half of your textbook. The final part, **Expression**, contains a choice of topics for short compositions as well as suggestions for how to approach and organize your writing. Then come video viewing activities: preparation for viewing **(avant de visionner),** then questions for which you should search the answers while looking at the material **(en visionnant)** and finally a section asking you to incorporate your personal responses to the topic discussed in the video **(après avoir visionné).**

The lab portion of the activities manual, used with the recordings on the accompanying website or in **Quia,** provides activities for pronunciation, listening comprehension, and dictation. Each chapter opens with a **Phonétique** section for pronunciation practice. This is followed by **Compréhension,** which requires understanding the gist of an oral text or song, and **Dictée,** asking for word-for-word transcription. All exercises provide additional cultural information related to the theme of the corresponding textbook chapter. The scripts for the phonetics and listening material are available in the answer key.

The website (**www.cengagebrain.com**) contains the complete audio program, self-check vocabulary and grammar exercises, a quiz, as well as open-ended activities that will help you explore the Francophone Internet.

Travaillez bien et bon courage!

H.J. & C.T.

Prélude

Le français dans le monde

🌐 **www.cengagebrain.com/login**

A Associations.

1. Quand on dit «français», à quoi pensez-vous? Ecrivez au moins cinq mots ou expressions.

Modèle: la Bastille, le TGV, la Tour Eiffel...

_____   _____

_____   _____

_____   _____

2. Quand on dit «francophone», à quoi pensez-vous? Ecrivez au moins cinq mots ou expressions.

Modèle: le Québec, la cuisine cajun...

_____   _____

_____   _____

_____   _____

B Un peu de tout. Pour chaque ville, pays ou région francophone de la colonne A, indiquez par une lettre l'activité de la colonne B que vous pouvez y faire.

A.

1. _____ à Cannes

2. _____ en Louisiane

3. _____ au Maroc

4. _____ en Normandie

5. _____ à Bruxelles

6. _____ à Montréal

7. _____ à Genève

8. _____ à Chamonix

9. _____ en Tunisie

10. _____ au Sénégal

B.

a. faire du ski et voir le Mont-Blanc

b. visiter des ruines romaines et la ville de Carthage

c. visiter la Grande Mosquée de Dakar

d. assister à un festival de cinéma

e. écouter de la musique cajun

f. visiter l'Office européen de l'ONU

g. voir les plages où les soldats américains et anglais sont arrivés en juin 1944.

h. acheter des fruits au marché central de Marrakech

i. interviewer des membres de la Commission européenne

j. voir un match de hockey sur glace

✔ Page 1

C Un peu de géographie francophone.

1. _____ Province qui a fêté ses 400 ans en 2008
2. _____ Ancienne colonie française en Indochine
3. _____ Ile française dans la mer des Caraïbes
4. _____ Ile où Gauguin a peint des tableaux célèbres
5. _____ Département français en Amérique du Sud
6. _____ Deuxième ville du Canada
7. _____ La première république noire libre (1804)
8. _____ Ile et département français dans l'océan Indien
9. _____ Pays du Proche-Orient, administré par la France
10. _____ Ancienne colonie belge

a. la Guyane
b. Haïti
c. la Réunion
d. le Rwanda
e. le Viêt Nam
f. Tahiti
g. le Liban entre 1920 et 1946
h. la Guadeloupe
i. Montréal
j. le Québec

✔ Page 1

D Le savez-vous? Nommez une personne ou un produit pour chaque catégorie.

1. un homme / une femme politique français(e)   _____
2. un film français   _____
3. un écrivain français   _____
4. un personnage historique français   _____
5. un (une) acteur (-trice) français(e)   _____
6. un(e) musicien(ne) français(e)   _____
7. une voiture française   _____
8. un pneu français   _____
9. une eau minérale française   _____
10. un train français   _____

RAPPEL   Pour exprimer la causalité en français, on utilise **parce que** + *sujet* + *verbe*, **car** + *sujet* + *verbe* ou **à cause de** + *nom*.

E Pourquoi? Complétez le paragraphe avec **à cause de** ou **parce que**. Faites les changements nécessaires (**du / des, qu'il / qu'elle**).

Beaucoup d'Américains apprennent le français _____ ils trouvent que cette langue soit belle. Ils

aiment le français _____ son élégance. Mais on peut aussi l'étudier _____

c'est utile. On le parle en Afrique occidentale _____ certains pays étaient des colonies françaises

ou belges jusqu'au milieu du XXe siècle. La France attire beaucoup de touristes _____ ses sites

historiques, de ses beaux paysages, de son climat et, bien sûr, _____ on y mange bien!

✔ Page 1

F Apprendre le français. Finissez les phrases pour parler de vos expériences en ce qui concerne (*concerning*) le français.

1. J'apprends le français depuis _____.

2. Dans mes cours de français, je préfère _____.

3. Pour moi, les activités les plus amusantes en cours de français sont _____.

4. J'aime / Je n'aime pas travailler en petits groupes parce que _____.

5. Je voudrais apprendre (à) _____.

6. Un bon professeur de français _____.

7. _____ est difficile pour moi.

8. Quand je ne comprends pas mon professeur, _____.

9. Je suis content(e) en cours de français quand _____.

10. Après mon cours de français _____.

G Qui êtes-vous? Présentez-vous à votre professeur. Dites-lui en quatre ou cinq phrases ce que vous aimez, ce que vous n'aimez pas, ce qui vous intéresse, ce que vous voulez faire dans la vie, si vous avez peur de quelque chose, etc.

_____

_____

_____

_____

_____

_____

_____

_____

Chapitre 1

Les études

🌐 **www.cengagebrain.com/login**

✔ Vérifiez vos réponses *(Student Activities Manual Answer Key and Audio Script)*

Vocabulaire

ENTRAINEMENT

A **Les lieux.** Où se trouvent les personnes et les choses de la liste suivante? Indiquez par la lettre qui convient (**é, l** ou **u**) le lieu qui correspond le mieux à chaque personne ou chose. Parfois, il y a plusieurs possibilités.

é = école primaire   **l** = lycée   **u** = université

1. l'amphithéâtre   _____
2. l'institutrice   _____
3. l'étudiante   _____
4. le bac   _____

5. le lycéen   _____
6. la fac   _____
7. l'élève   _____
8. le nul   _____

✔ Page 1

B **Définitions.** Dans la liste de vocabulaire C de votre manuel, trouvez les mots qui correspondent aux définitions suivantes. N'oubliez pas de mettre les articles appropriés.

1. période de l'année où on reprend ses études _____

2. jugement sur le travail d'un(e) élève, généralement exprimé par un chiffre *(number)* _____

3. cours, souvent en amphithéâtre, dans lequel les étudiants prennent des notes et ne discutent pas entre eux ou avec le professeur _____

4. ce qu'on doit payer quand on s'inscrit à l'université _____

5. exercice scolaire fait en classe et destiné à contrôler le progrès d'un(e) élève _____

6. cours que tous les étudiants doivent suivre _____

7. examen universitaire qu'on passe au milieu ou avant la fin de l'année _____

8. ensemble des documents concernant le travail d'un(e) étudiant(e) _____

9. travail écrit de plusieurs pages, pour un cours d'histoire, de littérature, etc. _____

10. cours en petits groupes où on doit discuter _____

✔ Page 1

C **Les activités de quelques étudiants.** Complétez les phrases avec les mots appropriés de la liste de vocabulaire D de votre manuel. Attention au temps et à la forme des verbes: **présent, passé composé** ou **infinitif?**

1. Isabelle adore les chiffres; elle décide de _____ en mathématiques.

2. Henri veut aller à la montagne faire du ski; puisque le train part à 12h30, il doit _____ son cours d'anglais à 13h30.

3. Florence et Romain sont hyper contents; ils viennent d'apprendre qu'ils _____ au bac.

4. Jules est très fatigué ce matin; il _____ toute la nuit pour l'interro de chimie aujourd'hui.

5. Cet étudiant sans scrupules _____ afin de ne pas _____ à son examen d'histoire.

6. A la fin de l'année scolaire, Philippe aura assez d'unités de valeur. Alors, il va _____ et commencer à travailler.

7. Si le cours est ennuyeux, les étudiants ne veulent pas le _____.

8. Au début de chaque semestre, les étudiants _____ aux cours.

✔ Page 1

D **Les adjectifs, les noms et les verbes.** Dans la liste de vocabulaire D de votre manuel, trouvez les verbes qui correspondent aux adjectifs et aux noms suivants.

1. bosseur   _____
2. les inscriptions   _____
3. la réussite   _____
4. tricheur   _____

5. la spécialisation _____
6. débrouillard   _____
7. la révision   _____
8. l'échec   _____

✔ Page 1

DEVELOPPEMENT

E **Que font-ils?** Finissez les phrases pour décrire les actions des personnes indiquées en utilisant au moins trois expressions du vocabulaire du chapitre.

Modèle: Un élève paresseux **sèche ses cours, ne rend pas ses devoirs et doit redoubler.**

1. Un étudiant qui veut réussir _____

_____

2. Une lycéenne qui est très fatiguée _____

_____

3. Une étudiante qui veut obtenir son diplôme aussi vite que possible _____

_____

4. Un étudiant qui ne veut pas trop travailler _____

_____

5. Vous, dans vos cours: Je _____

_____

F Un(e) étudiant(e) typique. Quelle est l'attitude des étudiants de votre université vis-à-vis de leurs études? En un paragraphe de quatre ou cinq phrases, expliquez ce qu'ils aiment (cours, activités, etc.) et ce qu'ils n'aiment pas à la fac.

_____

_____

_____

_____

_____

_____

_____

_____

_____

Structures

❶ VERB REVIEW

A Le père n'est pas content. Complétez le texte avec le verbe **payer** ou **s'ennuyer** à la forme qui convient.

Ecoute, Jean-Christophe. Tu dis que tes cours ne sont pas intéressants et que tu _____ à la fac.

C'est dommage, mais nous _____ tes droits d'inscription et je crois que tu dois finir tes

études. Moi aussi, je _____ souvent au travail, mais je _____ les

factures *(bills)*, alors je ne peux pas arrêter de travailler. Ta mère, qui est peintre, adore son travail et ne

_____ jamais, mais elle gagne juste assez pour _____ ses pinceaux

(paintbrushes) et ses toiles *(canvases)*. Attends les grandes vacances. Tu ne vas plus _____ avec ton

stage, et avec l'argent que tu gagneras, tu pourras te _____ un voyage. Tu sais, quand je passe

mes vacances avec ta mère, nous ne _____ jamais.

✔ Page 1

II PRESENT INDICATIVE / **III** INFINITIVES

ENTRAINEMENT

B Les rêves d'un nouvel étudiant. Complétez le texte avec la forme convenable du verbe entre parenthèses.

Guillaume _____ (venir) de _____ (commencer) ses études de sciences

politiques. Depuis trois ans, il _____ (rêver) de _____ (pouvoir)

_____ (s'installer) dans son propre appartement. Il _____ (savoir)

qu'il _____ (aller) _____ (réussir). Il n' _____ pas

(avoir) l'intention de _____ (faire) la fête parce qu'il _____ (vouloir)

_____ (obtenir) son diplôme aussi vite que possible. Sa mère lui a dit de _____

(sortir) de temps en temps et de _____ (faire) du sport, mais quand il n' _____

pas (étudier), il _____ (s'ennuyer). C'est triste!

✔ Page 1

C Réussir ou pas? Complétez chacun des paragraphes suivants en utilisant les verbes de la liste qui le précède. Mettez les verbes au **présent** ou à l'**infinitif,** selon le cas. Chaque verbe n'est utilisé qu'une seule fois.

avoir / devoir / s'inscrire / obtenir / réussir

Qu'est-ce qu'on _____ faire pour réussir à la fac? Beaucoup d'étudiants _____

à trop de cours, alors ils _____ trop de partiels et de contrôles et ils ne _____

pas. Pour _____ un diplôme, suivez l'exemple de Valérie.

choisir / écouter / être / s'inquiéter / prendre / répondre / sécher

« Bien sûr, je _____ mes cours avec soin. Puis, quand je _____ en cours,

j' _____ attentivement, je _____ des notes et je _____

aux questions du prof. Je ne _____ jamais de cours. Je prépare si bien mes cours que je ne

_____ jamais au moment des examens. »

✔ Page 1

D L'avis du nul. Complétez le passage suivant avec les verbes de la liste au **présent** ou à l'**infinitif** (**présent** ou **passé**). Chaque verbe n'est utilisé qu'une seule fois.

s'amuser / boire / donner / être / faire / s'inquiéter / passer / rater / se reposer / réussir / sortir

A mon avis, Valérie ne _____ pas assez. _____ étudiant veut aussi dire qu'on

_____ avec ses amis, qu'on _____ un coup de temps en temps et parfois,

hélas, qu'on _____ un examen. Ce n'est pas la fin du monde! De temps en temps, même les nuls

ont de la chance et après _____ à un examen, mes amis et moi, nous _____ la

fête. Mais je vous _____ des conseils: avant de _____ un examen, vous devez

_____ et ne pas trop _____.

✔ Page 1

E **Les différences.** Un étudiant français, qui a passé un an aux Etats-Unis, discute avec un étudiant américain. Complétez les paragraphes suivants avec les verbes de chaque liste au **présent** ou à l'**infinitif**. Chaque verbe n'est utilisé qu'une seule fois.

**trouver / préférer / prendre / parler / comprendre /
pouvoir / habiter / être / venir / partager / avoir**

Loïc: Moi, je _____ de passer un an aux Etats-Unis et je crois assez bien _____

comment se passent les choses dans ton pays. Un campus américain _____ souvent très beau, avec

de grands arbres et des pelouses, comme un parc. Vous, les étudiants américains, vous _____ dans

des résidences et vous _____ souvent votre chambre avec un autre étudiant, ce que nous, les Français,

nous _____ curieux. Comment _____ on vivre avec quelqu'un qu'on ne connaît

pas ? Moi, je _____ vivre chez mes parents et _____ ma propre chambre. Mes

parents et moi, nous _____ nos repas ensemble et nous _____ de tout.

avoir / choisir / dire / essayer / partager / rendre / rentrer / vivre / se voir / vouloir

Brandon: Tu _____ raison quand tu _____ que nous

_____ nos chambres, mais nous _____ souvent notre camarade de

chambre, surtout après la première année. Nous ne _____ plus _____

chez nos parents parce que nous _____ d'être plus indépendants qu'avant. Nos parents nous

_____ visite et nous _____ chez nous pour les vacances. Mais en semaine,

nous ne _____ pas.

✔ Page 2

F **Sans les copines?** Au lycée, Martine a toujours passé tout son temps avec ses copines. Avant de partir pour la fac, elle se demande comment elle va se débrouiller sans elles. Complétez le texte avec un verbe de la liste. Chaque verbe n'est utilisé qu'une seule fois.

acheter / se connaître / s'ennuyer / s'entendre / faire / s'habiller / se téléphoner / se voir

Nous _____ depuis l'école primaire. Nous _____ tous les jours et quand

ce n'est pas possible, nous _____. Nous _____ tout ensemble, nous

_____ les mêmes vêtements et nous aimons _____ de la même manière,

souvent en jean et en tee-shirt. Je vais certainement _____ sans mes copines. Mais je ne vais pas

être trop malheureuse. Matthieu, un copain avec qui je _____ vraiment bien, fait ses études dans

la même ville que moi!

✔ Page 2

G **Après le cours.** Faites des phrases complètes pour indiquer ce que chaque personne vient de faire.

Modèle: tu / passer un examen
Tu viens de passer un examen.

1. je / faire du jogging

_____

2. mes amis / rentrer de la bibliothèque

_____

3. mon professeur / partir

_____

4. mes parents / me téléphoner

_____

5. mon ami et moi, nous / faire les courses

_____

6. tu / prendre un café

_____

7. vous / s'inscrire pour le prochain semestre

_____

✔ Page 2

DEVELOPPEMENT

H Qu'est-ce qu'on fait? Expliquez ce que les personnes indiquées font dans les situations suivantes. Mentionnez **au moins deux choses.**

> **Modèle:** en cours
>
> Un professeur qui se fâche **pose des questions impossibles, parle trop vite, ne répond pas aux questions des étudiants.**

1. au début du semestre

La plupart des étudiants _____

_____

_____.

2. avant un examen

Une étudiante sérieuse _____

_____

_____.

3. en cours

Un étudiant paresseux _____

_____

_____.

4. quand elle a une dissertation à écrire

Une étudiante anxieuse _____

_____

_____

5. quand vous avez trop de devoirs

Je _____

_____

_____.

6. à la fin du semestre

Mes amis et moi, nous _____

_____

_____.

I **Qu'est-ce qui vient d'arriver?** Imaginez des causes possibles pour les situations suivantes. Utilisez **venir de** dans vos réponses. Faites preuve d'imagination car il y a beaucoup de possibilités.

Modèle: Vous rentrez chez vous.
Je viens de terminer mes examens.

1. Votre copine pleure.

_____

2. Votre professeur est de mauvaise humeur.

_____

3. Vos parents sont très contents.

_____

4. Votre camarade de chambre et vous ne vous parlez plus.

_____

5. Vous êtes de bonne humeur.

_____

J **L'étudiant idéal.** Décrivez, en un paragraphe de trois ou quatre phrases, l'étudiant idéal du point de vue du professeur. Dites ce qu'il fait ou ne fait pas.

_____

_____

_____

_____

_____

_____

_____

_____

_____

K **Le cours impossible.** Décrivez, en un paragraphe de trois ou quatre phrases, un cours horrible. Que fait le professeur? Que font les étudiants? Comment sont les devoirs et les examens?

_____

_____

_____

_____

_____

_____

_____

_____

IV IMPERATIVES

ENTRAINEMENT

L **Ils partent.** Paul et Anaïs, des jumeaux, partent pour l'université. Paul est souvent distrait mais Anaïs est très consciencieuse. Leur mère leur dit ce qu'ils doivent ou ne doivent pas faire une fois arrivés à l'université. Utilisez les éléments donnés pour écrire les ordres de la mère.

> **Modèles:** Paul et Anaïs / ne pas sécher vos cours
> **Ne séchez pas vos cours.**
>
> Anaïs / aller au cinéma avec tes amis de temps en temps.
> **Va au cinéma avec tes amis de temps en temps.**

1. Paul et Anaïs / choisir des cours intéressants

   _____

2. Paul et Anaïs / s'inscrire tout de suite.

   _____

3. Paul et Anaïs / ouvrir un compte en banque

   _____

4. Paul / ne pas oublier d'assister aux cours

   _____

5. Anaïs / s'amuser le week-end.

   _____

Les enfants ont, eux aussi, des conseils pour leurs parents.

6. Maman et Papa / ne pas s'inquiéter trop

   _____

7. Papa / envoyer de l'argent régulièrement

_____

8. Maman / faire des petits gâteaux pour nous

_____

✔ Page 2

M A la fac. Arrivés à la fac, Paul et Anaïs ont des idées très différentes, mais chacun veut que l'autre fasse la même chose que lui. Ecrivez les ordres qu'ils se donnent en utilisant les éléments donnés.

    Modèle: Anaïs: aller en cours / Paul: sortir au restaurant
            — **Allons en cours!**
            — **Non, sortons au restaurant!**

1. Anaïs: écrire nos rédactions / Paul: boire une bière

_____!

_____!

2. Anaïs: faire du jogging / Paul: manger une pizza

_____!

_____!

3. Anaïs: travailler / Paul: se reposer

_____!

_____!

✔ Page 2

DEVELOPPEMENT

N L'orientation. Vous dirigez un programme d'orientation pour les nouveaux étudiants de l'université. Pour chaque catégorie, donnez des conseils ou faites des suggestions aux étudiants en utilisant la forme **vous** de l'impératif.

toujours

1. _____.

2. _____.

3. _____.

de temps en temps

1. _____.

2. _____.

3. _____.

jamais

1. _____.

2. _____.

3. _____.

Ⓥ *FAIRE CAUSATIF*

ENTRAINEMENT

🅞 **Qui fait travailler?** Vous avez l'impression que les autres vous font travailler tout le temps. Complétez les phrases en utilisant le **faire causatif.**

Modèle: le prof / passer un examen
Le prof me **fait passer un examen.**

1. les profs / écrire des rédactions

   Ils nous _____.

2. ma mère / faire tous mes devoirs

   Ma mère me _____.

3. vous / bosser la veille d'un examen

   Vous me _____.

4. mes colocataires / ranger la salle de séjour

   Ils me _____.

5. mes parents / assister à tous mes cours

   Ils me _____.

6. toi / aller chercher tes livres à la bibliothèque

   Tu me _____.

7. ma sœur / réparer son ordinateur

   Ma sœur me _____.

✔ Page 2

DEVELOPPEMENT

🅟 **Un ange.** Pensez à toutes les responsabilités qu'on a dans la vie. Imaginez que vous avez une sorte d'ange gardien qui fait tout ce que vous et les autres ne voulez pas faire vous-même. Faites une liste des choses que les personnes indiquées font faire à cet ange. [Notez bien: Dans cet exercice, l'ange devient <u>l'objet indirect</u> et le verbe **faire** s'accorde avec le sujet!]

Modèle: moi

Je <u>lui</u> fais faire mes devoirs.

1. mon professeur

   _____

2. ma (mon) camarade de chambre

   _____

3. mes parents

   _____

4. mes amis et moi

_____

5. moi

_____

Expression

A **Trop à faire.** Vous avez des journées très occupées à l'université. Décrivez une de ces journées en deux paragraphes.

Avant d'écrire…

1. Faites une liste de ce que vous devez faire. Utilisez l'infinitif pour les verbes.

_____

_____

_____

_____

_____

_____

_____

2. Numérotez les activités de votre liste pour les mettre en ordre.

> **Modèle: 3. passer un examen**
> **4. écrire une dissertation pour le cours d'histoire américaine**
> **1. me lever à 6 h du matin**
> **2. aller chercher des livres à la bibliothèque**

Maintenant, écrivez votre rédaction en ajoutant des détails pour convaincre votre lecteur (lectrice) que vous avez vraiment trop de choses à faire.

B **Votre expérience personnelle.** Quelle sorte d'étudiant(e) êtes-vous? Répondez d'abord aux questions suivantes. Puis, en vous basant sur vos réponses, décrivez-vous.

1. Comment organisez-vous votre travail à l'université? Comment est votre journée typique? A quelle heure vous levez-vous? Quand vos cours ont-ils lieu? Que faites-vous après les cours? etc.

_____

_____

_____

_____

_____

_____

_____

_____

2. Où et quand préférez-vous étudier? Travaillez-vous seul(e) ou avec des amis? Pourquoi?

_____

_____

_____

_____

_____

3. Comment réagissez-vous quand vous devez passer un examen? Et quand vous avez une dissertation à écrire?

_____

_____

_____

_____

_____

Maintenant, faites votre autoportrait en deux paragraphes.

C Votre université: la meilleure du monde? On vous demande de défendre votre université et d'expliquer pourquoi vous la considérez comme la meilleure université du monde. Ecrivez deux paragraphes dans lesquels vous expliquez:

1. pourquoi vous avez choisi cette université,

2. ce qui la distingue de toutes les autres.

Vidéo: La vie universitaire

I AVANT DE VISIONNER

A Décrivez une journée typique (votre emploi du temps) pendant l'année académique.

_____

_____

_____

_____

_____

B A quel(s) moment(s) de la journée préparez-vous vos cours ou faites-vous vos devoirs?

_____

_____

C Qu'est-ce qui vous prend beaucoup de temps dans la semaine, à part le travail pour vos cours?

_____

_____

II EN VISIONNANT

A Des quatre personnes interviewées, laquelle a l'emploi du temps le plus chargé? Expliquez.

_____

_____

_____

B Quel emploi du temps décrit ressemble le plus à une journée typique pour vous à l'université? Pourquoi?

_____

_____

_____

C Notez au moins deux différences entre la façon dont vous passez votre temps dans la journée à l'université et les journées typiques de ces personnes interviewées.

_____

_____

_____

_____

Ⅲ APRÈS AVOIR VISIONNÉ

Pensez-vous que vous menez une vie équilibrée pendant l'année académique? Si oui, expliquez ce que vous faites pour maintenir cet équilibre. Sinon, comment pourriez-vous changer votre emploi du temps quotidien afin d'améliorer votre bien-être physique et mental?

_____

_____

_____

_____

_____

_____

_____

_____

_____

Chapitre 2

Les Jeunes

> ✔ Vérifiez vos réponses *(Student Activities Manual Answer Key and Audio Script)*

Vocabulaire

ENTRAINEMENT

A Les antonymes. Dans les listes de vocabulaire A et B de votre manuel, trouvez l'antonyme (le contraire) de chacun des mots suivants.

1. teint clair   _____

2. gros   _____

3. bronzé   _____

4. cheveux fins   _____

5. endormi   _____

6. doux   _____

7. sympathique   _____

8. énergique   _____

9. indiscret   _____

10. tendu   _____

✔ Page 2

B Définitions. Dans les listes de vocabulaire A et B de votre manuel, trouvez les adjectifs qui correspondent aux définitions suivantes. Mettez la forme masculine.

1. qui n'a plus ou presque plus de cheveux   _____

2. qui est intelligent, adroit, même rusé   _____

3. qui a de grosses joues   _____

4. qui s'exprime ouvertement   _____

5. qui évite de faire des efforts   _____

6. qui sait se tirer facilement d'une situation difficile _____

✔ Page 2

C **Les verbes et les adjectifs.** Dans les listes A et B de vocabulaire de votre manuel, trouvez les adjectifs qui correspondent aux verbes de la liste suivante. Mettez la forme masculine.

1. maigrir _____

2. grossir _____

3. se débrouiller _____

4. teindre _____

5. pâlir _____

6. rouspéter _____

7. s'éveiller _____

8. pincer _____

9. friser _____

10. embellir _____

✔ Page 2

D **Les vêtements.** Regardez les dessins suivants et identifiez tous les vêtements indiqués. N'oubliez pas d'ajouter l'article indéfini convenable.

1. _____   4. _____

2. _____   5. _____

3. _____

6. _____   8. _____

7. _____   9. _____

10. _____

✔ Page 2

E La tenue qui convient. Complétez les phrases avec des mots de la liste C de vocabulaire dans votre manuel.

1. Quand on va nager, on se met en _____.

2. Pour faire du jogging, on met souvent un _____ et un _____.

3. Quand il pleut, il vaut mieux mettre un _____.

4. Les personnes âgées sont parfois choquées par les _____ ou les _____ des jeunes et ils se demandent si cela ne fait pas trop mal.

5. Autrefois, il n'y avait que les femmes qui portaient des _____, mais aujourd'hui beaucoup d'hommes en portent une ou plusieurs.

6. Quand on roule à moto, un _____ est un vêtement pratique qui protège du froid et du vent.

✔ Page 2

DEVELOPPEMENT

F L'idéal. Choisissez des adjectifs ou expressions de chaque liste de vocabulaire du chapitre (A: Le corps; B: Le caractère; C: Les vêtements et les accessoires; D: Les activités et les passe-temps quotidiens) pour compléter les descriptions ci-dessous.

> **Modèle:** Un grand-père idéal serait **gentil et décontracté** et il ne serait ni **dur ni insensible.** Il aurait **une grande barbe blanche** mais n'aurait pas **les lèvres pincées.** Il porterait **un pull et un jean** et ne mettrait jamais **de costume.** Il n'aurait pas **de tatouage,** ni **de piercing.** Il passerait son temps à **jouer de la guitare.**

1. Mon (Ma) partenaire parfait(e) serait _____ mais il (elle) ne serait

   ni _____ .

   Il (Elle) aurait _____ mais n'aurait pas

   _____ .

   Il (Elle) porterait _____ mais ne mettrait jamais

   _____ .

   Il (Elle) passerait son temps à _____ mais ne voudrait jamais

   _____ .

2. Une mère idéale serait _____ mais elle ne serait

   jamais _____ .

   Elle aurait _____ mais n'aurait pas

   _____ .

   Elle porterait _____ mais ne mettrait

   jamais _____ .

   Elle passerait son temps avec ses enfants à _____ mais ne voudrait

   jamais _____ .

3. Un professeur idéal serait _____ mais il ne serait

   jamais _____ .

   Il aurait _____ mais n'aurait pas

   _____ .

   Il mettrait _____ mais ne porterait

   jamais _____ .

   Il passerait son temps à _____ mais n'aurait jamais

   envie de _____ .

Structures

Ⅰ VERB REVIEW

A Toujours la même chose! Robert raconte ce qui se passe dans son cours de français. Complétez le paragraphe suivant en mettant les verbes **décrire** ou **s'asseoir** au **présent**, au **futur**, à l'**imparfait**, au **passé composé**, à l'**infinitif** ou à l'**impératif**. Notez que le prof vouvoie (dit « vous » à) ses étudiants.

Tous les jours en cours de français, je _____ au dernier rang, mais quand le prof arrive, il

me dit: « _____ devant moi ». Puis il commence la leçon en disant: « Robert, vous avez

étudié les adjectifs, n'est-ce pas? Alors, _____ une camarade de classe. La personne que vous

_____ se lèvera dès qu'elle se sera reconnue. Puis elle _____ un ou

une autre camarade de classe et _____ ». Alors hier, comme d'habitude, nous avons fait le

même exercice. Nous nous sommes levés, puis nous _____ quelqu'un dans la classe, puis

nous _____. Philippe, qui est très drôle, a décidé de _____ le prof.

Pendant qu'il le _____, le prof a commencé à rire et a changé d'activité. Heureusement!

✔ Page 2

Ⅱ DESCRIPTIVE ADJECTIVES

ENTRAINEMENT

B Déborah et ses copains Guillaume et Amandine. Complétez les descriptions de Déborah et de ses copains en utilisant la forme correcte de l'adjectif ou le nom entre parenthèses. N'oubliez pas que c'est Nicole qui parle!

1. Ma _____ (meilleur) copine à la fac est Amandine Benoît, et nous avons un

   _____ (nouveau) ami qui s'appelle Guillaume. Nous avons tous les trois la même

   passion pour les discussions _____ (intellectuel), mais autrement nous sommes très

   _____ (différent).

2. Amandine, par exemple, est _____ (grand), _____ (blond)

   et toujours bien _____ (coiffé). Elle est _____ (sportif)

   et très _____ (bavard). Dans ses rapports avec les autres, elle est toujours

   _____ (ouvert) et _____ (chaleureux). Les profs la trouvent très

   _____ (travailleur) et ses études ne la rendent jamais _____ (inquiet).

3. Guillaume, lui, est _____ (petit), un peu _____ (gros)

   et il n'aime pas le sport. Il est _____ (musicien) et il passe son temps libre à jouer de la guitare.

   Il est très _____ (décontracté) dans sa façon de s'habiller et dans son comportement.

   Cette année, il a les cheveux _____ (long) et _____ (ondulé), mais l'année _____ (dernier), il avait la tête _____ (rasé). Ses

vêtements _____ (favori) sont des bottes _____ (noir) et une

_____ (vieux) casquette de base-ball. Les profs le trouvent _____ (gentil)

mais un tout petit peu _____ (paresseux).

4. Moi, je comprends bien son attitude, parce que je ne travaille pas bien non plus si la matière n'est pas

_____ (intéressant). Heureusement, mes profs me trouvent _____

(intelligent) et _____ (consciencieux). Quand je suis avec mes copains, je me sens toujours

_____ (gai) et j'essaie d'être _____ (poli), _____

(patient) et _____ (franc) avec tout le monde. Je suis _____ (brun) et

de taille _____ (moyen). J'aime aussi la musique, et quand Guillaume joue de la guitare, je

l'accompagne souvent en chantant.

5. J'ai de la chance d'avoir deux amis si _____ (loyal). Nous sommes toujours ensemble,

et après de _____ (long) semaines de travail, nous nous amusons bien à faire des

choses un peu _____ (fou) quand les vacances arrivent. A Noël, pendant une semaine

_____ (merveilleux) passée en Angleterre, nous avons décidé de mettre chaque jour des

vêtements semblables et de la même couleur: lundi, c'était des pullovers _____ (bleu); mardi,

des pantalons _____ (marron); mercredi, des écharpes _____ (violet);

jeudi, des vestes _____ (orange); et vendredi, des chemises _____ (blanc).

Ce sont des jeux _____ (banal), bien sûr, mais qui nous détendent énormément!

✔ Page 3

C Déborah chez elle. Que pense Déborah de sa famille? Complétez les descriptions en mettant le nom et l'adjectif entre parenthèses à la forme et à la place qui conviennent. Ajoutez **et**, si nécessaire.

J'ai une _____ (famille / exceptionnel). Ma grand-mère, une

_____ (dame / petit / vieux) aux _____

(cheveux / blanc), est une _____ (prof / ancien) de maths. Son

fils, mon père, est un _____ (homme / grand / robuste). Il a

une _____ (voix / beau / fort) et il chante professionnellement.

Ma mère, Catherine, un _____ (médecin / brillant), est la

_____ (personne / premier) de sa famille à exercer cette profession. C'est une

_____ (femme / fier) de ses _____

(parents / pauvre) et de ses _____ (enfants / cher / ambitieux). Mon frère fait

actuellement des _____ (études / supérieur) de sciences politiques, et moi, je

rêve de devenir une _____ (journaliste / indépendant) et de pouvoir voyager

dans des _____ (pays / étranger).

✔ Page 3

DEVELOPPEMENT

D **Comment est votre famille?** Choisissez deux personnes (un homme et une femme) de votre famille et décrivez leur apparence physique en donnant beaucoup de détails.

> Modèle: **Ma sœur est très petite mais elle est forte. Elle a les cheveux courts et ébouriffés parce qu'elle n'aime pas se coiffer. L'été, elle met un short et un tee-shirt et elle porte des sandales. L'hiver, elle s'habille en jean et en pull. Elle ne s'intéresse pas du tout à la mode. Nous nous entendons bien et je la trouve très sympa.**

1. _____
_____
_____
_____
_____
_____
_____
_____
_____

2. _____
_____
_____
_____
_____
_____
_____
_____
_____

E **Et vous?** Faites votre portrait physique et moral en donnant beaucoup de détails. Ecrivez un paragraphe d'au moins cinq phrases.

_____
_____
_____
_____
_____
_____
_____
_____

III COMPARATIVE AND SUPERLATIVE OF ADJECTIVES

ENTRAINEMENT

F La France et l'Algérie. Un jeune Algérien, Madjid, compare la France à l'Algérie. Complétez ses phrases à l'aide des éléments fournis. Faites les changements nécessaires.

> **Modèle:** la religion / être / (–) important / en France / en Algérie
> **La religion est moins importante en France qu'en Algérie.**

1. les Arabes / être / (+) chaleureux / les Français

   _____

2. l'école en Algérie / être / (–) difficile / l'école en France

   _____

3. les Algériennes / être / (=) beau / les Françaises

   _____

4. les jeunes Français / être / (–) obéissant / les jeunes Algériens

   _____

   _____

5. la cuisine en Algérie / être / (+) bon / la cuisine française

   _____

   _____

6. la politique en France / être / (–) dangereux / la politique chez moi

   _____

   _____

✔ Page 3

G Ils sont extraordinaires. Madjid parle avec fierté et humour de sa famille. Utilisez les éléments donnés pour former des phrases à la forme superlative (de supériorité). Faites les changements nécessaires.

> **Modèle:** Mon petit frère / être / paresseux / tous les enfants
> **Mon petit frère est le plus paresseux de tous les enfants.**

1. ma grand-mère / être / gentil / grand-mère / le monde

   _____

2. je / avoir / le frère / débrouillard

   _____

3. ma mère / faire / bon / couscous / la famille

_____

4. mes cousines / être / filles / bavard / le pays

_____

5. et moi, je / être / fils / intelligent / la famille

_____

✔ Page 3

DEVELOPPEMENT

H **A votre avis.** Exprimez votre point de vue sur les sujets suivants en écrivant des phrases comparatives. Variez les expressions.

> **Modèle:** les jeux vidéo / le tennis
> **Je trouve que le tennis est plus intéressant que les jeux vidéo. OU:**
> **Il faut être plus sportif pour jouer au tennis que pour jouer aux jeux vidéo.**

1. la musique classique / le jazz

_____

2. le football américain / le basket-ball

_____

3. la cuisine française / la cuisine chinoise

_____

4. le système éducatif dans votre pays / le système éducatif en France

_____

5. le français / une autre langue étrangère

_____

I **La publicité.** Vous savez qu'on exagère souvent dans la publicité. Ecrivez des slogans publicitaires pour les produits suivants en utilisant des superlatifs (de supériorité ou d'infériorité).

> **Modèle:** un nouveau CD d'un groupe
> **C'est leur CD le plus révolutionnaire.**

1. une voiture

_____

2. un chanteur

_____

3. un jean

_____

4. un vernis à ongles

_____

5. des tatouages

_____

IV TOUT

ENTRAINEMENT

J **Piercings et tatouages.** Sophie, 17 ans, parle de l'attitude de ses parents et des idées de ses amis. Complétez le texte avec la forme de **tout** qui convient.

Mes parents sont super. Ils me soutiennent dans _____ mes décisions et me laissent faire

_____ ce que je veux. Ils me font confiance depuis ma _____ petite

enfance. _____ leurs amis pensent que _____ les filles qui ont des

piercings sont folles. Dans notre bande de copains, _____ le monde a des boucles d'oreilles

ou des piercings au nez, mais _____ sont sérieux et travaillent bien à l'école. Ils voudraient

_____ se faire tatouer, mais discrètement, puisqu'ils savent qu'ils auront ces tatouages

_____ leur vie. Cela m'intéresse aussi mais je ne sais pas si je voudrais avoir des dessins sur

_____ le corps.

✔ Page 3

DEVELOPPEMENT

K **En quoi les étudiant(e)s se ressemblent-ils (elles)?** La plupart des étudiant(e)s préfèrent ne pas être exactement comme les autres, mais on remarque toujours, sur un campus américain, des vêtements, des activités, même des cours que *tout le monde* semble préférer. En quoi les étudiant(e)s de votre université se ressemblent-ils (elles)? Afin de souligner le fait que tout le monde fait ou aime la même chose, employez **tout** à la forme qui convient dans chacune de vos phrases.

    Modèle: Tous préfèrent des cours à 11 heures du matin.

1. _____

2. _____

3. _____

4. _____

5. _____

V INTERROGATIVES

ENTRAINEMENT

L **La maman embêtante.** Marie-Laure prend le petit déjeuner avec sa mère qui lui pose trop de questions. Complétez les phrases avec le pronom interrogatif convenable (**qui, quoi, que, qu'est-ce que, qu'est-ce qui, lequel,** etc.)

1. MAMAN: Chez _____ es-tu allée hier soir?

    MARIE-LAURE: Chez Catherine.

2. **Maman:** _____ tu as mis?

   Marie-Laure: Mon vieux pull et un jean.

3. **Maman:** _____ de tes pulls, le bleu ou le noir?

   Marie-Laure: Tu sais bien que j'ai jeté le bleu.

4. **Maman:** _____ avez-vous fait, toutes les deux?

   Marie-Laure: Nous sommes allées au cinéma avec deux copains.

5. **Maman:** Avec _____?

   Marie-Laure: Avec Yann et Paul, tu ne les connais pas.

6. **Maman:** _____ s'est passé après?

   Marie-Laure: Nous avons pris un café.

7. **Maman:** De _____ avez-vous parlé?

   Marie-Laure: Ecoute, maman! Tu m'embêtes avec tes questions. Et toi, _____ tu as fait hier?

8. **Maman:** J'ai écrit à tes cousins pour les inviter le week-end prochain.

   Marie-Laure: A mes cousins? _____? J'en ai au moins dix.

   Maman: A ceux qui habitent Toulouse. Ce sont tes cousins préférés, n'est-ce pas?

   Marie-Laure: Tu as raison. Je suis bien contente qu'ils viennent. Bon, je pars en cours. Bonne journée, maman.

✔ Page 3

M Quelles questions! Théo (10 ans), le petit frère de Paul (19 ans), vient de recevoir un cadeau: un téléphone portable. Maintenant il téléphone tout le temps à son frère. Vous êtes au café avec Paul, alors vous n'entendez que ses réponses. Trouvez les questions de Théo. Attention: **tu** ou **vous?**

   Modèle: Théo: **Qu'est-ce que tu manges?**
   Paul: Je mange un sandwich.

1. **Théo:** _____

   Paul: Je suis au café.

2. **Théo:** _____

   Paul: Nous sommes au Café de la Poste, à côté du lycée.

3. **Théo:** _____

   Paul: Avec mes amis.

4. **Théo:** _____

   Paul: Nous discutons.

5. **Théo:** _____

   Paul: Nous parlons de l'élection présidentielle.

6. **Théo:** _____

   Paul: Moi, je bois un coca, mais Robert a pris un demi.

7. THÉO: _____

PAUL: Je vais rentrer à 19 h.

8. THÉO: _____

PAUL: Je n'ai plus envie de parler parce que je veux parler avec Robert.

9. THÉO: _____

PAUL: Ce soir? Je dois préparer mes cours pour demain. A plus tard.

✔ Page 3

DEVELOPPEMENT

N **Le grand départ.** Votre petit frère (ou petite sœur) part pour l'université et s'inquiète un peu. Ecrivez cinq questions logiques qu'il (elle) vous pose. Attention: **tu** ou **vous?**

1. _____

2. _____

3. _____

4. _____

5. _____

O **Le sondage.** Vous voulez écrire un article pour le journal de votre université sur les jeunes de votre âge en France. Vous préparez sept questions à poser à des étudiants français. Soyez logique!

1. _____

2. _____

3. _____

4. _____

5. _____

6. _____

7. _____

VI *IL (ELLE) EST VS. C'EST*

ENTRAINEMENT

P **Les opposés.** Tous les jours à Paris, deux jeunes personnes se voient dans le métro, mais ne se parlent jamais. Pourquoi? Pour trouver la réponse à cette question, lisez les paragraphes suivants et complétez-les avec la forme convenable de **il (elle) est** ou **c'est.**

Yamina a 18 ans. _____ tunisienne, mais ses parents se sont installés en France juste après sa

naissance. Elle habite en banlieue, à Sèvres. _____ une fille qui aime les vêtements chics et qui

passe beaucoup de temps dans les boutiques de la rive gauche. Son père lui donne tout l'argent qu'elle veut pour ses

achats parce que _____ riche. _____ un médecin très célèbre.

Jean a 19 ans. _____ un Français qui vient de Concarneau, en Bretagne.

_____ évident que Jean ne passe pas son temps à courir les boutiques. Il porte toujours un jean

délavé, un blouson en cuir et des bottes mexicaines. _____ garagiste et il ne gagne pas beaucoup

d'argent. _____ (ne pas) un travail qui l'intéresse, mais _____ content de

l'avoir. Beaucoup de ses amis sont au chômage *(out of work)*.

✔ Page 3

DEVELOPPEMENT

Q Mon voisin est étrange. Imaginez un voisin qui est un peu bizarre. Pour le décrire, répondez aux questions. Utilisez **il est** ou **c'est,** selon le cas, dans vos réponses.

1. Quel est son âge?

   _____

2. Et sa profession?

   _____

3. Décrivez son apparence.

   _____

   _____

4. Décrivez son caractère.

   _____

   _____

Expression

A A qui ressemblez-vous? Physiquement, avez-vous plutôt les caractéristiques de votre mère, de votre père, d'un de vos grands-parents, d'un oncle ou d'une tante? Expliquez en quoi vous ressemblez à cette personne. En ce qui concerne votre caractère, ressemblez-vous aussi à cette personne? En quoi? Sinon, ressemblez-vous à quelqu'un d'autre dans votre famille? (Si vous ne ressemblez à personne, décrivez la personne dans votre famille que vous admirez le plus.)

Ecrivez deux paragraphes: le premier sur l'apparence, le deuxième sur le caractère.

B L'inconnu(e). Parmi les personnes inconnues que vous voyez quand vous vous promenez, décrivez celle qui vous semble la plus intéressante et expliquez pourquoi. Essayez d'imaginer le caractère de cette personne en vous basant sur son apparence physique et sur sa façon d'agir.

Ecrivez trois paragraphes:

1. Dites où vous êtes, ce que vous faites et pourquoi vous avez choisi la personne que vous allez décrire.

2. Décrivez l'apparence de l'inconnu(e).

3. Imaginez son caractère.

C La mode et vous. Quel rôle la mode joue-t-elle dans votre vie? Voulez-vous ressembler aux autres jeunes gens que vous fréquentez ou êtes-vous plutôt individualiste? Avant d'écrire, répondez aux questions suivantes.

1. Achetez-vous souvent des vêtements?

   _____

2. Achetez-vous uniquement vos vêtements en solde?

   _____

3. Quel pourcentage de votre budget dépensez-vous pour vos vêtements?

   _____

4. Comment décidez-vous quels vêtements acheter?

   _____

5. Suivez-vous un régime? Pourquoi?

   _____

6. Faites-vous de l'exercice régulièrement? Lequel? Pourquoi?

   _____

7. Changez-vous souvent de coiffure?

   _____

Maintenant, en vous basant sur vos réponses, écrivez deux paragraphes sur votre attitude envers la mode.

Vidéo: Décrire son caractère

I AVANT DE VISIONNER

A En vous référant à la liste B du vocabulaire du chapitre, choisissez un seul adjectif qui révèle le mieux votre caractère.

_____

B Si quelqu'un vous demande de décrire en détail votre propre caractère, que diriez-vous?

_____

_____

_____

C Est-ce que votre auto-portrait est plutôt positif ou négatif? Pourquoi?

_____

_____

_____

II EN VISIONNANT

Rendez-vous sur le site web de *Sur le vif* pour regardez la vidéo.

A Toutes les personnes interviewées ne peuvent pas facilement répondre à la question « Comment est-ce que vous vous décrivez »? Comprenez-vous leur hésitation? Expliquez.

_____

_____

_____

B Quels sont les adjectifs positifs que ces personnes utilisent pour se décrire?

_____

_____

C Une des personnes dit qu'elle est plutôt sympathique, mais qu'elle peut quelquefois être désagréable. Pourquoi?

_____

_____

III APRÈS AVOIR VISIONNÉ

Choisissez une personne célèbre dont le caractère est très connu—jovial, drôle, pessimiste, rouspéteur, égoïste, etc. Ecrivez une description de cette personne que vous lirez plus tard à la classe sans dire son nom, en demandant qu'on l'identifie en se basant sur votre description.

_____

_____

_____

_____

_____

_____

_____

_____

_____

Chapitre 3

Les immigrés

🌐 **www.cengagebrain.com/login**

✓ Vérifiez vos réponses *(Student Activities Manual Answer Key and Audio Script)*

Vocabulaire

ENTRAINEMENT

A Présent ou passé? Pour chacune des phrases suivantes, choisissez une expression de temps, puis placez-la à l'endroit approprié.

Maintenant
Modèle: ∧ Les jeunes Français apprécient la musique raï de l'Algérie.

à cette époque-là / à notre époque / actuellement / de nos jours / hier / il y a plusieurs années / maintenant

1. Tahar est arrivé du Maroc.

2. Maria travaille à Bordeaux.

3. Le gouvernement encourageait l'immigration.

4. L'islam est la deuxième religion en France.

5. On a changé les lois sur l'immigration.

6. Le taux de chômage continue à être trop élevé.

✓ Page 4

B Les verbes et les noms. Dans les listes de vocabulaire de votre manuel, trouvez les noms qui sont de la même famille que les verbes suivants. <u>Mettez l'article défini</u>.

1. entretenir _____

2. préjuger _____

3. tolérer _____

4. travailler _____

5. employer _____

6. séjourner _____

7. entreprendre _____

✓ Page 4

C **Des définitions.** Dans les listes de vocabulaire B et C de votre manuel, trouvez les mots qui correspondent aux définitions suivantes. <u>Mettez l'article défini</u> pour les noms.

1. donner l'hospitalité à quelqu'un _____

2. document nécessaire pour voyager à l'étranger _____

3. demander humblement qu'on vous donne
   quelque chose _____

4. personne de la classe moyenne et dirigeante _____

5. groupement humain caractérisé par une même
   culture, une même langue _____

6. personne qui a quitté le pays où elle est née pour
   s'établir dans un autre pays _____

7. pièces d'identité _____

8. théorie fondée sur l'idée de la supériorité de
   certaines races _____

9. personne qui n'a ni maison ni appartement _____

10. personne qui n'a pas de travail _____

✔ Page 4

D **La vie active.** Complétez le paragraphe suivant avec les mots de la liste. Faites les changements nécessaires.

contrat à durée déterminée / stage / embaucher / entreprise / gagner leur vie / licencier

A la fin de leurs études, et après avoir fait des _____, les jeunes cherchent un

emploi pour pouvoir _____. D'abord ils doivent trouver un employeur qui va les

_____. En France, ils ont souvent un _____ avant de trouver un

poste permanent, mais ils peuvent quand même acquérir de l'expérience dans une _____.

Après, ils continuent à chercher. Quand ils ont enfin un contrat à durée indéterminée, il est plus difficile pour le

patron de les _____.

✔ Page 4

E **Qu'est-ce que c'est?** Dans les listes de vocabulaire C et D de votre manuel, trouvez les mots ou les expressions qui correspondent aux situations suivantes.

1. Les ouvriers refusent de travailler. Ils _____.

2. Vous préparez une lettre pour expliquer vos qualifications pour un poste. Vous écrivez _____

   _____.

3. Vous servez des repas dans une soupe populaire *(soup kitchen)*. Vous travaillez comme _____

   _____.

4. Vous avez perdu votre emploi. Vous êtes _____.

5. Ces gens dorment souvent dans la rue. Ce sont des _____.

6. Vous construisez des bâtiments. Vous travaillez sur un _____.

7. Les ouvriers saisonniers qui participent aux récoltes *(harvests)* passent la journée dans les _____

_____.

8. Si on vous embauche pour une période de temps précise, vous avez un _____

_____.

9. Le document sur lequel on trouve des renseignements concernant votre formation, votre expérience professionnelle, vos capacités, etc. s'appelle un _____.

10. Avant d'être embauché, on doit parler avec la personne pour qui on va travailler. On passe un _____

_____.

✔ Page 4

DEVELOPPEMENT

F **Oui ou non?** Etes-vous d'accord avec les déclarations suivantes? Expliquez votre point de vue.

1. Notre pays devrait accueillir des immigrés.

_____

_____

_____

2. Les sans-papiers ne sont pas des criminels.

_____

_____

_____

3. Mendier devrait être interdit *(forbidden)*.

_____

_____

_____

4. Le chômage est un problème important dans la région où j'habite.

_____

_____

_____

G **Pour travailler.** Finissez le paragraphe (au présent) pour expliquer à un enfant de 10 ans ce que l'on fait pour trouver du travail. Utilisez **tu** et les expressions **d'abord, puis, ensuite, enfin,** etc. pour situer les actions dans le temps.

D'abord, tu cherches un poste. Tu lis peut-être les petites annonces, tu fais des recherches sur Internet et tu parles à tes parents et à tes amis.

Puis _____

_____

_____

_____

_____

_____

_____

_____

_____

Structures

◗ VERB REVIEW

A **L'accueil.** Complétez le paragraphe avec les formes du verbe **accueillir** qui conviennent. *Attention:* **présent** ou **passé, verbe conjugué** ou **infinitif**?

Nous devons faire davantage pour _____ les immigrés. Si nous les _____

bien, ils s'intègreront plus facilement dans notre société. Par exemple, aux Etats-Unis on

n' _____ pas toujours très chaleureusement les immigrants hispaniques, qui veulent

pourtant apprendre l'anglais et travailler chez nous. Quand on pense à la façon dont les premiers colons

_____ ceux qui sont venus après eux, on voit que rien n'a changé.

  Mais, si moi, j' _____ un étranger et que je lui souhaite la bienvenue, et si vous, vous en

_____ un aussi, tout ira mieux.

✔ Page 4

◗ PASSÉ COMPOSÉ

ENTRAINEMENT

B **Un nouveau pays.** Un jeune médecin d'origine vietnamienne mais né en France raconte son histoire. Mettez le passage au **passé composé**. Attention aux auxiliaires et aux accords. Soulignez d'abord les sujets et les verbes conjugués, puis écrivez-les. Ecrivez seulement les sujets et les verbes!

Vers la fin des années cinquante, ma mère vient en France où elle passe le baccalauréat.

_____

Puis elle fait des études de médecine et rentre au Viêt Nam. Là, elle travaille dans un

_____

hôpital où elle connaît mon père. Ils se marient mais ils doivent bientôt quitter leur pays

_____

à cause de la guerre. Ils s'installent à Lyon où je nais. Nous vivons en France et là, je vais

_____

à l'école, mais j'apprends le vietnamien à la maison. Pendant mon enfance, je m'intéresse

_____

beaucoup à mes origines vietnamiennes, mais quand je commence mes études de

_____

médecine, mes préoccupations changent. Comme mes parents, je deviens médecin.

_____

Mon père meurt en 1988 et ma mère décide de retourner dans son pays. Nous y

_____

voyageons ensemble et j'y découvre une toute autre façon de vivre qui me plaît

_____

énormément. Je reste dans le pays de mes ancêtres où une clinique m'embauche.

_____

✓ Page 4

C La fin de la guerre. Complétez le paragraphe suivant avec les verbes de la liste qui conviennent, au **passé composé.** Faites les accords nécessaires. Chaque verbe n'est utilisé qu'une seule fois.

aider / s'établir / s'intégrer / obtenir / quitter / venir

En 1962, après une lutte de huit ans, l'Algérie _____ son indépendance. Plus d'un

million de Français _____ ce qui était devenu leur pays et _____ en

France à nouveau, surtout dans le Midi. Le gouvernement les _____ et petit à petit, ils

_____ à la vie en France. Pendant les années soixante et soixante-dix, beaucoup d'Algériens

_____ en France aussi, à la recherche d'un emploi.

✓ Page 4

DEVELOPPEMENT

D Leur histoire. Ecrivez l'histoire de ces différents groupes ethniques lors de la création de l'Amérique, en utilisant les verbes et les expressions donnés. Vous pouvez ajouter des détails et utiliser d'autres verbes, si vous voulez. Utilisez le **passé composé.**

Attention: Le verbe quitter est toujours suivi par un objet direct: Il a quitté son pays.

Modèle: Les Allemands: arriver / s'établir / construire / se marier / parler
Les Allemands sont arrivés au XVIIIᵉ siècle. Ils se sont établis en Pennsylvanie où ils ont construit leurs maisons, leurs églises et leurs écoles. Certains se sont mariés avec des Anglaises et ont commencé à parler anglais. D'autres ont continué à parler allemand.

1. Les premiers colons anglais: quitter / voyager / arriver / faire froid / rencontrer / partager /??

_____

_____

_____

_____

2. Les Amérindiens: vivre / chasser / cultiver / rencontrer / s'entendre / se battre (avec) /??

_____

_____

_____

_____

_____

3. Les Espagnols: arriver / chercher / explorer / rencontrer / conquérir / convertir /??

_____

_____

_____

_____

_____

4. Les Africains: vivre / partir / souffrir / mourir / travailler / essayer / s'échapper / trouver /??

_____

_____

_____

_____

_____

III IMPERFECT

ENTRAINEMENT

E De Gaulle et l'Algérie. Complétez le paragraphe suivant avec les verbes de la liste qui conviennent, à **l'imparfait.** Chaque verbe n'est utilisé qu'une seule fois.

aimer / avoir / être / faire / s'opposer / vouloir

Quand mon grand-père _____ vingt ans, il _____ soldat en Algérie.

Il ne _____ pas cette guerre horrible qui _____ tant souffrir la France et

l'Algérie. Le président Charles de Gaulle, devenu chef d'Etat en 1958, _____ mettre fin aux

combats et donner l'indépendance à l'Algérie, mais beaucoup d'officiers _____ à cette décision.

✔ Page 4

F **La vie de Saba à Nightingale.** Dans cet extrait de l'histoire de Saba (dont vous avez une plus grande partie dans votre manuel), la jeune fille décrit son enfance avec ses parents adoptifs. Mettez son récit à l'imparfait. *Ecrivez seulement les sujets et les verbes!*

Tout est simple et facile. Je suis Saba, c'est mon nom depuis ma naissance, et ma famille,

_____

c'est Monsieur et Madame Herschel. Je vais à l'école de Mehdia où il y a des enfants de

_____

soldats américains, des Français et des Arabes. On parle dans n'importe quelle langue. Ça

_____

ne m'intéresse pas beaucoup. Ce que j'aime, c'est cette grande maison.

_____

✔ Page 4

DEVELOPPEMENT

G **Un nouveau pays.** Mettez-vous à la place d'un(e) adolescent(e), qui vient d'immigrer au Togo avec ses parents. Comparez votre vie actuelle en Afrique (maintenant: au présent) à votre ancienne vie aux Etats-Unis (avant / à cette époque-là / etc.: à l'imparfait). Variez les expressions de temps.

   Modèle: la langue
          Maintenant, j'apprends à parler français. Avant, je ne parlais qu'anglais.

1. à l'école

_____

2. mes amis et moi

_____

3. la télévision

_____

4. le climat

_____

5. les distractions / après les cours / le week-end

_____

H **Leur passé.** Imaginez la vie des personnes suivantes à l'âge indiqué. Comment était leur vie? Où vivaient-elles? Que faisaient-elles? Utilisez **l'imparfait.**

1. votre grand-père à 18 ans

_____

_____

2. votre mère à 12 ans

_____

_____

3. votre meilleur(e) ami(e) à 5 ans

_____

_____

4. votre professeur de français à 10 ans

_____

_____

5. une personne à un âge au choix

_____

_____

Ⅳ *PASSÉ COMPOSÉ* VS. IMPERFECT

ENTRAINEMENT

Ⅰ Le passé de mes parents. Complétez le paragraphe suivant avec les verbes de la liste à l'**imparfait** ou au **passé composé, selon le cas.** Faites les accords nécessaires. Chaque verbe n'est utilisé qu'une seule fois.

avoir / se connaitre / être / finir / se marier / naître / reprendre / travailler

Mon père est revenu à Paris quand il _____ son service militaire. Alors, il

_____ ses études. Ma mère, qui _____ dans un restaurant à cette

époque-là, _____ 18 ans quand ils _____ . Ils

_____ tous les deux très pauvres, mais ils _____ quand même.

Moi, leur fille aînée, je _____ deux ans après leur mariage.

✔ Page 4

Ⅰ Un ouvrier immigré raconte. Complétez le texte avec les verbes de la liste, à l'**imparfait** ou au **passé composé.** Faites les accords nécessaires. Chaque verbe n'est utilisé qu'une seule fois.

arriver / ne pas avoir / devoir / être / faire / pleuvoir / ne pas pouvoir / ne pas savoir / tomber / trouver / venir

Les premiers mois étaient difficiles parce que j'étais seul. Je _____ laisser toute ma famille

au Bénin, alors quand je _____ en France je _____ triste. Au début,

je _____ assez manger parce que je _____ beaucoup d'argent, et je

_____ si je trouverais du travail. C'était l'automne et à Paris; il _____

froid et il _____ presque tous les jours. Je _____ malade. Après

quelques mois, je _____ un poste et finalement ma femme et nos enfants

_____ me rejoindre.

✔ Page 5

Nom _____ Date _____

DEVELOPPEMENT

K Des moments dont on se souvient. Finissez les phrases de façon logique. Attention aux temps du passé.

1. Quand je suis allé(e) à l'école pour la première fois, je _____
   _____.

2. Quand j'ai eu 16 ans, mes amis et moi _____
   _____.

3. Quand j'ai eu mon permis de conduire, mes parents _____
   _____.

4. Quand j'ai fait mon premier voyage sans mes parents, je _____
   _____.

5. Quand je suis parti(e) pour l'université, mes amis _____
   _____.

L Vous avez de l'expérience? Vous passez un entretien d'embauche et on vous demande de parler de votre dernier emploi. Décrivez votre travail et vos responsabilités en cinq ou six phrases. Inventez ou exagérez si vous voulez.

_____
_____
_____
_____
_____
_____
_____
_____

V PLUPERFECT

ENTRAINEMENT

M Une visite. Un père camerounais, qui ne quitte Paris que rarement, raconte ce qui s'est passé quand il a rendu visite à son fils en Normandie. Complétez le paragraphe suivant avec les verbes de la liste au **plus-que-parfait**. Chaque verbe n'est utilisé qu'une seule fois.

acheter / ne jamais aller / étudier / s'installer / trouver

Samuel a expliqué à ses amis qu'il _____ en Normandie et qu'il s'inquiétait. Il leur a dit que

pour ne pas se perdre en route, il _____ une carte routière de la Normandie et qu'il

l' _____ le jour avant son départ. Il a aussi précisé que son fils _____ du

travail à Rouen, et que sa femme et lui _____ dans cette ville.

✔ Page 5

N Un nouveau poste. Une jeune femme tunisienne avec une formation d'ingénieur raconte les difficultés qu'elle a eues avec son travail en France. Complétez les phrases avec les verbes entre parenthèses au **plus-que parfait** pour indiquer ce qui s'était passé <u>avant</u>.

Modèle: Le travail que **j'avais trouvé** était difficile.

1. J'aimais mieux l'entreprise où j' _____ (travailler) pendant ma première année en France.

2. Malheureusement, un jour on a licencié les employés qui _____ (ne pas recevoir) leur formation en France.

3. A cette époque, les responsables ne voulaient pas comprendre que j' _____ (faire) mes études dans une école française avant d'immigrer en France.

4. J'ai ajouté que j' _____ (partir) parce que mes professeurs _____ (dire) qu'il y aurait plus de travail en France.

5. Le dernier jour, mon patron m'a dit qu'il était désolé mais qu'il _____ (ne pas pouvoir) convaincre l'entreprise de me garder.

✔ Page 5

RAPPEL A verb that follows a preposition (**pour, sans, avant de, après,** etc.) must be in the infinitive form (see pp. 148-149 of the textbook).

Avant de venir en France, elle habitait à Nightingale.

Before coming to France (Before she came to France) she lived at Nightingale.

There are two tenses for the infinitive: present (**quitter, partir**) and past (**avoir quitté, être parti[e][s]**) (see p. 171 of the textbook). The preposition **après** requires the past infinitive. If the verb is conjugated with **être,** the past participle must agree with the subject of the sentence.

Après être venus en France, ses parents ont cherché du travail.

After they came to France, her parents looked for work.

VI PAST INFINITIVES

ENTRAINEMENT

O Saba en France. Transformez les phrases suivantes en mettant le verbe de la première proposition à l'infinitif passé.

Modèle: Ma mère m'a laissée chez les Herschel, puis elle est partie pour la France.
Après m'avoir laissée chez les Herschel, ma mère est partie pour la France.

1. Saba est arrivée chez sa mère, puis elle a appris l'arabe.

_____

_____

2. Elle est tombée malade, puis elle est restée au lit pendant trois semaines.

_____

_____

3. Ses voisins ont aidé sa mère, puis ils sont partis.

_____

_____

4. Les Herschel ont perdu Saba, puis ils sont retournés aux Etats-Unis.

_____

_____

✔ Page 5

DEVELOPPEMENT

P **La vie change!** Il y a souvent des changements dans la vie: déménagements, départ pour l'université, fin des études, travail, mariage, etc. Transformez le début des phrases, puis finissez-les en vous basant sur votre expérience personnelle (ou inventez des réponses). **Utilisez le passé.**

   Modèle: déménager
   Avant de déménager, j'ai cherché un nouvel appartement.
   Après avoir déménagé, j'ai acheté un lit.

1. aller au lycée

   Avant de _____.

   Après _____.

2. quitter ma famille

   Avant de _____.

   Après _____.

3. commencer mes études à l'université

   Avant de _____.

   Après _____.

4. rencontrer mon (ma) camarade de chambre / mon mari (ma femme) / mon (ma) partenaire

   Avant de _____.

   Après _____.

5. (une phrase au choix, avec vos propres verbes)

   Avant de _____.

   Après _____.

SUMMARY: PAST TENSES

ENTRAINEMENT

Q **La famille de Dalila.** Mettez les verbes entre parenthèses au temps et à la forme convenables du **passé** (ou utilisez l'**infinitif présent** ou **passé**, selon le cas).

Le père de Dalila est arrivé en France en 1992. Avant de partir en France, il _____ (être) maçon *(stone mason)* en Algérie. En 1992, son frère aîné _____ (travailler) déjà à Oran. Il _____ (quitter) leur village quand il _____ (avoir) 15 ans. Son autre frère _____ (être) encore au village et il _____ (s'occuper) des affaires de ceux qui _____ (partir). Le père de Dalila _____ (écrire) régulièrement à sa famille pour _____ (expliquer) ce qu'il _____ (espérer) pour ses enfants plus tard.

    En 1995, il a demandé à sa famille de le rejoindre. Après _____ (arriver) en France, toute la famille _____ (devoir) _____ (apprendre) à _____ (parler) français. Dalila _____ (comprendre) encore l'arabe, sans le _____ (parler) couramment. Après _____ (finir) ses études au lycée, elle _____ (vouloir) _____ (retourner) dans son village natal pour travailler comme institutrice.

✔ Page 5

Expression

> **POUR MIEUX RACONTER** Expressions that mark a sequence of events are helpful when recounting something that has happened.
>
> To BEGIN: **d'abord, premièrement**
> To CONTINUE: **puis, ensuite, après, alors** *(if you want to state a result)*
> To CONCLUDE: **enfin, finalement**

A **Les origines de ma famille.** La plupart des Nord-Américains ont des ancêtres européens, africains, asiatiques ou amérindiens. Avant de raconter l'histoire (vraie ou inventée) de votre famille (ou d'un de vos ancêtres), répondez aux questions **suivantes** sous forme de notes. Si vous ne connaissez pas la réponse, inventez une histoire pour votre famille.

VOCABULAIRE UTILE:

les ancêtres
les aïeux *(forebears, forefathers)*
mon arrière-grand-père *(great-grandfather)*
mon arrière-grand-mère *(great-grandmother)*
mon arrière-arrière-grand-père *(great-great-grandfather)*
mon arrière-arrière-grand-mère *(great-great-grandmother)*

Pour préciser
paternel(le), maternel(le)
du côté de mon père (de ma mère)/
  du côté paternel (maternel)
  (on my father's / mother's side)

1. Quand vos ancêtres sont-ils arrivés en Amérique?

   _____

2. D'où sont-ils partis?

   _____

3. Pourquoi sont-ils partis?

   _____

4. Comment ont-ils fait le voyage?

   _____

5. Quel âge avaient-ils quand ils sont arrivés?

   _____

6. Où se sont-ils établis en Amérique?

   _____

7. Qu'est-ce qu'ils y ont fait?

   _____

8. Quelle a été leur réaction face à leur nouveau pays?

   _____

9. Comment était leur vie pendant leurs premières années en Amérique?

   _____

En vous basant sur ces notes, écrivez deux ou trois paragraphes dans lesquels vous racontez l'histoire de votre famille. Utilisez des expressions de temps pour mieux situer les événements.

RAPPEL The imperfect tense is usually used for describing in the past, for telling *how* things were. For narrating events, telling *what* happened, the **passé composé** is used.

B Retour en arrière. Vous voyagez dans le temps et vous vous retrouvez il y a 150 ans. Décrivez la vie que vous meniez à cette époque en utilisant des verbes au passé. Avant d'écrire votre rédaction, répondez à l'aide de quelques mots clés (noms, verbes, adjectifs, adverbes, etc.) à chacune de ces questions.

1. Qui étiez-vous? Comment vous appeliez-vous?

   _____

2. Comment étiez-vous? Quel âge aviez-vous?

   _____

3. Où habitiez-vous?

   _____

4. Comment était votre famille?

   _____

5. Comment étaient vos amis?

   _____

6. Quel travail faisiez-vous?

_____

7. Etiez-vous heureux(-euse)?

_____

En vous basant sur ces notes, écrivez deux ou trois paragraphes **au passé** dans lesquels vous décrivez votre vie en détail.

C **Le premier job.** Comment était votre première expérience dans le monde du travail? Avant de la décrire, prenez quelques notes.

1. vos raisons pour vouloir travailler

_____

2. ce que vous avez fait pour trouver un emploi

_____

3. le travail que vous avez fait

_____

4. les gens avec qui vous avez travaillé

_____

5. vos réactions: ce que vous avez aimé, ce que vous avez trouvé désagréable

_____

Pour conclure: Voudriez-vous faire ce travail en permanence? Pourquoi ou pourquoi pas?

_____

Maintenant, écrivez deux ou trois paragraphes en vous basant sur vos notes.

Vidéo: L'immigration

I AVANT DE VISIONNER

Réfléchissez un peu à l'histoire de l'Amérique.

A Pourquoi viennent-ils? Pour quelles raisons y a-t-il toujours eu tant d'immigrés en Amérique? Notez au moins trois raisons.

_____

_____

_____

B Votre famille. Et quelles sont les origines (f.) de votre famille? Savez-vous pourquoi vos ancêtres ont quitté leur pays d'origine pour venir aux Etats-Unis? Si vous ne le savez pas, imaginez une raison.

_____

_____

_____

C L'accueil. Parfois on a l'impression que les immigrés sont mis à l'écart (kept in the background, held back). Pourquoi ferait-on cela? Et comment réagissent les immigrés?

_____

_____

_____

II EN VISONNANT

Rendez-vous sur le site web de *Sur le vif* pour regardez la vidéo.

A La France, pays d'immigration. Ecoutez les réponses des francophones. Notez trois nationalités mentionnées et deux régions de la France.

_____

_____

_____

_____

_____

B Les ouvriers immigrés.

1. **Qu'en savent-ils?** Après avoir écouté les réponses des personnes interviewées, avez-vous l'impression qu'ils savent beaucoup ou peu sur les ouvriers immigrés dans leur pays? Justifiez votre réponse.

_____

_____

_____

_____

2. **Les problèmes.** Notez trois problèmes mentionnés.

Vocabulaire utile: mettre à l'écart: *(kept in the background, held back).*

_____

_____

_____

_____

3. **En Mauritanie.** Comment la situation est-elle différente en Mauritanie? Notez aux moins trois aspects mentionnés.

_____

_____

_____

_____

III APRÈS AVOIR VISIONNÉ

L'immigration est en même temps un avantage et un problème pour tout pays.

1. **Leurs contributions**. Qu'est-ce que les immigrés apportent à notre pays? Mentionnez au moins trois aspects positifs de l'immigration.

_____

_____

2. **Les défis.** Notez deux problèmes que l'immigration pose à notre pays et proposez une solution.

_____

_____

_____

Interlude I
« Loukoum et Camembert »

🌐 www.cengagebrain.com/login

A **Une interview.** Imaginez que vous êtes un journaliste qui prépare un reportage sur les attitudes des étudiants de votre campus envers les groupes minoritaires. Ecrivez cinq questions que vous pourriez leur poser.

1. _____
2. _____
3. _____
4. _____
5. _____

B **Que faire pour mieux se comprendre?** Dans la chanson *Loukoum et Camembert*, le chanteur dit aux Français et aux Maghrébins de se donner la main. Qu'est-ce qu'on peut proposer pour aider des groupes d'origines différentes qui doivent vivre ensemble à s'entendre? Faites cinq suggestions. Utilisez l'impératif ou des expressions comme **On peut/vous devez/il est important de/**etc.

1. _____
2. _____
3. _____
4. _____
5. _____

C **Nous nous ressemblons?** On parle souvent de ce qui distingue un groupe ethnique d'un autre. Mais ne partage-t-on pas aussi certaines valeurs, comme le bonheur des enfants? Faites une liste de cinq valeurs que la plupart des hommes et des femmes partagent.

    Modèle: trouver un bon logement

1. _____
2. _____
3. _____
4. _____
5. _____

D **Sa contribution.** Choisissez une personne célèbre qui est d'un autre groupe ethnique ou d'une autre nationalité que vous. Faites un portrait de cette personne et expliquez comment elle a contribué à la société. Dans le premier paragraphe, décrivez la personne et donnez des détails biographiques; dans le deuxième, parlez de ses contributions.

_____

_____

_____

_____

_____

_____

_____

_____

_____

_____

_____

_____

_____

_____

_____

_____

_____

_____

_____

_____

En route!

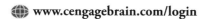 www.cengagebrain.com/login

> ✔ Vérifiez vos réponses *(Student Activities Manual Answer Key and Audio Script)*

Vocabulaire

ENTRAINEMENT

A **Définitions.** Dans les listes de vocabulaire A, B et C de votre manuel, trouvez le mot qui correspond à chacune des définitions ou des descriptions suivantes. N'oubliez pas d'ajouter l'article défini.

1. produit du raffinage du pétrole _____

2. gros véhicule automobile qui transporte des marchandises _____

3. voiture parfaite pour une famille nombreuse _____

4. ce qu'il faut obtenir avant de pouvoir conduire _____

5. voiture agréable à conduire quand il fait beau _____

6. ce qu'un cycliste porte pour se protéger la tête _____

7. train des villes qui roule partiellement ou totalement sous la terre _____

8. personne qui se déplace à pied _____

9. type d'auto que l'on peut conduire dans la boue ou dans le sable _____

10. sorte de chaussures avec des roues qui plaisent surtout aux jeunes _____

✔ Page 5

B **Associations.** Quels mots de la colonne de droite associez-vous à ceux de la colonne de gauche?

1. _____ la piste cyclable   **a.** remorquer

2. _____ l'heure de pointe   **b.** emmener en voiture

3. _____ le pneu crevé   **c.** l'assurance automobile

4. _____ garer   **d.** le bouchon

5. _____ déraper   **e.** la panne de courant

6. _____ le feu rouge   **f.** la roue de secours

7. _____ le passager   **g.** le PV

8. _____ tomber en panne   **h.** le vélo

9. _____ la police   **i.** freiner

10. _____ l'accident   **j.** la pluie

11. _____ la voiture électrique **k.** le parking

✔ Page 5

C A vélo. Complétez le texte avec des mots du vocabulaire.

Un cycliste devrait s'acheter un _____ au cas où il tomberait de son vélo, et un

_____ pour qu'on ne lui prenne pas son vélo. Quand il roule, il vaut mieux qu'il reste sur les

_____ pour éviter les voitures. Généralement, il ne risque pas d'avoir

une _____ pour excès de vitesse, mais il doit obéir au code de la route, _____

aux feux rouges et respecter les _____ qui vont plus lentement que lui. Bien sûr, il peut

avoir des problèmes, un _____ par exemple, s'il y a du verre sur son

chemin, mais il n'a jamais besoin de _____. Quand on a une voiture, on doit payer une

_____ pour être protégé financièrement en cas d'accident. Ce n'est pas le

cas quand on a un vélo. A l'heure de pointe, les _____ ne lui posent aucun problème puisqu'il

peut doubler toutes les voitures qui ne peuvent plus avancer.

✔ Page 5

D Les noms et les verbes. Dans les listes de vocabulaire de votre manuel, trouvez les verbes qui
correspondent aux noms suivants.

1. la remorque _____

2. l'accélération _____

3. le frein _____

4. le garage _____

5. la conduite _____

6. le dérapage _____

7. la promenade _____

8. le dépannage _____

✔ Page 5

DEVELOPPEMENT

E Qu'est-ce qu'on fait? En tant qu'automobilistes, comment réagissent ces personnes dans les situations
suivantes? Variez les expressions.

Modèle: (vous) Au feu rouge, à n'importe quelle heure, **je freine et j'attends le feu vert.**

1. (un copain) Dans un bouchon, à cinq heures du soir, _____

_____.

2. (votre mère) Quand la batterie est à plat, à sept heures du matin, _____

_____.

3. (vous) Quand vous avez un pneu crevé, sur l'autoroute, _____

_____.

4. (une copine) Après être rentrée dans une autre voiture pendant qu'elle essayait de se garer, _____

_____.

5. (vous) Quand vous êtes derrière une voiture qui roule très lentement et qu'il est interdit de dépasser, _____

_____.

6. (vous) Quand un policier vous arrête au bord de la route, _____

_____.

F Dans ma ville. Comment peut-on se déplacer là où vous habitez? Ecrivez un petit paragraphe dans lequel vous allez décrire tous les moyens de transport possibles en mentionnant un avantage et un inconvénient pour chacun.

_____

_____

_____

_____

_____

_____

_____

_____

_____

_____

_____

Structures

I VERB REVIEW

A Combien de voitures? Monsieur Blanchard parle des deux voitures de sa famille. Complétez le texte en mettant les verbes **conduire** ou **mettre** au **présent**, au **passé composé**, à l'**imparfait** ou à l'**infinitif**, selon le cas.

J'adore _____ ma petite voiture de sport. Je la _____ surtout le dimanche

quand il fait beau. C'est une décapotable, alors je _____ toujours des gants, un blouson et

une écharpe *(scarf)*. Quand ma femme m'accompagne, elle _____ son manteau parce qu'elle

a toujours froid. Avant mon mariage, j'avais seulement cette petite voiture et je la _____

même quand il faisait mauvais. Ma femme _____ rarement cette voiture et mes enfants ne la

_____ jamais.

Quand nous partons en vacances, nous prenons notre monospace. Nous y _____ toutes nos

valises, notre gros chien et notre équipement de sport. L'hiver dernier, nous y _____ nos skis mais cette année, je crois que nous allons les _____ sur le toit pour avoir plus de place à l'intérieur.

Nos enfants nous accompagnent souvent au ski, et l'année dernière, ils _____ pendant la plus

grande partie du voyage, ce qui nous a permis de nous reposer. Quand ils étaient petits, nous avions un break et

nous y _____ toutes nos affaires, mais les enfants se disputaient parce qu'il y avait si peu de place.

Alors rouler en monospace est bien plus agréable.

✔ Page 5

II ARTICLES

ENTRAINEMENT

B Claudine cherche une voiture. Complétez le texte avec les articles (**définis, indéfinis** ou **partitifs**) qui conviennent. Attention à la forme négative.

Claudine, qui vient d'avoir son permis et qui n'a jamais eu _____ automobile, cherche à acheter _____ voiture

d'occasion. Tous les jours, elle lit _____ petites annonces dans _____ journal. Un jour, elle croit avoir trouvé

_____ voiture de ses rêves. C'est _____ décapotable anglaise. Le propriétaire lui explique qu'il n'a jamais eu

_____ accidents, que la voiture consomme peu _____ essence et que _____ réparations sont faciles à faire.

_____ batterie est neuve et il a remplacé _____ pneus. Puisque Claudine adore _____ petites voitures de sport,

elle voudrait bien l'acheter mais d'abord, elle doit en parler à son père qui va lui prêter _____ argent. Son père

lui explique que la plupart _____ voitures anglaises sont difficiles à réparer et qu'elles tombent souvent en panne.

Selon lui, ce n'est pas _____ voiture que _____ jeune fille qui n'a pas beaucoup _____ temps ni _____ argent

devrait acheter. Bien sûr, Claudine est triste, mais elle sait que son père a raison. Elle achètera _____ voiture

plus solide.

✔ Page 5

C La veille du départ. La famille Poirier va rendre visite à des amis au Portugal et tout le monde se prépare. Complétez le texte avec les articles (**définis, indéfinis** ou **partitifs**) qui conviennent.

Il y a beaucoup _____ choses à faire. Monsieur Poirier s'occupe de _____ voiture. Il doit aller chercher _____

essence à la station-service où il veut aussi faire vérifier _____ pneus et _____ huile *(oil)*. Il a déjà acheté _____

cartes et il a consulté le site *Mappy* pour voir _____ routes proposées. Il a besoin _____ argent, donc il doit aussi

aller à _____ banque.

Madame Poirier a acheté _____ eau minérale, _____ fruits et _____ pain pour le voyage. Elle n'a pas pris

_____ chocolat ni _____ bonbons parce que _____ sucreries *(sweets)* sont mauvaises pour _____ dents. Les

enfants ont besoin _____ livres et _____ DVDs pour pouvoir s'occuper pendant le voyage. Elle leur dit d'appeler

leurs amis pour en emprunter mais de ne pas passer _____ heures au téléphone.

Catherine prend _____ toute petite valise. Elle y met _____ shorts, trois tee-shirts, _____ maillot de bain et

_____ sandales. Sa mère lui dit qu'elle n'a pas assez _____ vêtements, mais Catherine répond qu'elle n'aime pas

_____ robes et qu'elle déteste mettre _____ jean quand il fait chaud. D'ailleurs, elle pourra toujours porter _____ robe de sa mère, si nécessaire.

Thomas, comme bien _____ adolescents, n'a pas envie de partir avec ses parents. Il préfère passer ses vacances avec _____ copains, à la plage, si possible. Mais il n'a pas _____ choix, alors il met _____ jeux sur son iPad, _____ musique sur son iPod et _____ lunettes de soleil, l'essentiel pour ne devoir parler avec personne.

✔ Page 5

DEVELOPPEMENT

D Plus de voiture! Vous avez décidé de vous débarrasser *(get rid of)* de votre voiture. Complétez les phrases pour expliquer ce que vous pensez de cette nouvelle situation.

Modèle:
Quand je prenais ma voiture, **je détestais les embouteillages, la pollution, les automobilistes qui roulaient trop vite.**

1. J'ai eu ma voiture pendant cinq ans et parfois j'aimais bien _____
   _____.

2. Mais je ne voulais plus devoir acheter _____
   _____.

3. Je ne vais plus jamais payer _____
   _____.

4. Pour utiliser les transports en commun, j'ai besoin de _____
   _____.

5. Si je décide de rouler à vélo, il est préférable d'avoir _____
   _____.

E Mes rollers. Expliquez, en un paragraphe de quatre ou cinq phrases, pourquoi un adepte du roller aime bien ce moyen de transport dans une grande ville.

_____

_____

_____

_____

_____

_____

Ⅲ OBJECT PRONOUNS, Y, AND *EN* / Ⅳ ORDER OF PRONOUNS

ENTRAINEMENT

F Correspondances. Indiquez quel pronom (**complément d'objet direct, indirect, y ou en**) remplace chaque nom de la liste suivante. S'il y a une expression de quantité, écrivez-la aussi.

Modèles: mon père **le**
assez d'argent **en / assez**

1. ma voiture _____
2. au policier _____
3. une contravention _____
4. dans la voiture _____
5. les bouchons _____

6. de l'essence _____
7. aux conducteurs _____
8. sur la piste cyclable _____
9. trop de feux rouges _____
10. ce garagiste _____

✔ Page 6

G De quoi parle-t-il? Un ami vous parle de ses vélos et de ses expériences avec les voitures. Puisqu'il adore les pronoms, il s'en sert trop, et on a parfois de la difficulté à comprendre ce qu'il veut dire. **Trouvez le nom** que chaque pronom remplace. Mettez aussi **l'article, l'adjectif possessif** ou **l'adjectif démonstratif** convenable et **la préposition**, s'il en faut une.

Modèle: Moi, j'<u>en</u> ai deux.
deux vélos

1. Le premier, je <u>l</u>'ai acheté il y a trois ans.

_____

2. Je m'<u>en</u> sers quand je vais à la montagne.

_____

3. Je <u>les</u> attache toujours avec un antivol.

_____

4. Je ne <u>les</u> aime pas mais j'<u>en</u> porte <u>un</u> quand même pour me protéger.

_____

5. Je préfère <u>les</u> utiliser; c'est mieux que sur la route avec les voitures.

_____

6. Malheureusement, il n'y en a pas assez, surtout dans les villes.

_____

7. Je leur réponds toujours gentiment, mais ils croient que la route leur appartient.

_____

8. Je n'en ai pas eu jusqu'ici, mais mon frère s'est cassé le bras quand un automobiliste ne l'avait pas vu.

_____

✔ Page 6

H La nouvelle voiture. Maryem parle avec ses amies et sa mère de la nouvelle voiture de son père. Refaites les phrases suivantes en remplaçant les mots soulignés par les pronoms d'objet direct ou indirect appropriés.

1. J'aime bien la nouvelle voiture de mon père.

_____

2. Je peux conduire cette voiture quand je veux.

_____

3. Mon frère vient d'avoir son permis de conduire.

_____

4. Evidemment, mon père ne donne jamais les clés de la voiture à mon frère.

_____

5. Tiens! Je vois mon père devant la maison.

_____

6. Maman, dis à papa de laisser les clés sur la table, s'il te plaît!

_____

✔ Page 6

I La scène continue. Refaites les phrases en remplaçant les mots soulignés par les pronoms d'objet indirect appropriés.

1. Le père de Maryem explique à sa fille qu'il a besoin de la voiture.

_____

2. Mais il offre gentiment de prêter la voiture à Maryem et à ses amies plus tard.

_____

3. Demande à tes amies si elles peuvent revenir ce soir.

_____

✔ Page 6

J Le lendemain... Les parents de Maryem cherchent les clés de la voiture. Pour compléter le dialogue, répondez aux questions en utilisant le pronom **y.**

1. LE PÈRE: Maryem, où sont les clés de ma voiture?

   MARYEM: Est-ce qu'elles sont sur la table?

   LE PÈRE: Non, elles _____

2. MARYEM: Maman, est-ce que tu as cherché les clés dans le salon?

   LA MÈRE: Oui, je _____

3. LE PÈRE: Maryem, à mon avis, il faudrait penser à toujours laisser ces clés au même endroit.

   MARYEM: Eh oui, il _____.

✔ Page 6

K Les clés perdues. Maryem n'est pas contente parce qu'elle ne veut pas se lever tôt le matin. Complétez le dialogue en utilisant le pronom **en** dans vos réponses.

1. MARYEM: Ecoute, papa! J'ai envie de rester au lit jusqu'à 9h00 du matin.

   LE PÈRE: Tant pis *(Too bad)* si tu _____. Je ne peux pas aller au bureau sans les clés de la voiture.

2. MARYEM: Je pensais que tu avais deux jeux *(sets)* de clés de la voiture.

   LE PÈRE: Oui, je _____ , mais le jeu supplémentaire est perdu aussi. Qu'est-ce que tu as fait hier soir?

3. MARYEM: Je suis rentrée tard du cinéma.

   LE PÈRE: Tu _____ tard? As-tu par hasard laissé ces maudites clés dans la voiture?

   MARYEM: Oui, sans doute. Allons voir!

✔ Page 6

L Un accident de la route. Vous essayez de raconter à un agent de police un petit accident de la route qui vient de vous arriver. Cette conversation est déconcertante parce que l'agent répète chacune de vos explications, et, chose curieuse, il transforme tout ce qu'il peut en **pronoms d'objet direct**, **indirect**, **y**, **en** ou en **pronoms disjoints**. !

Modèle: VOUS: Je suis sorti(e) de mon appartement à 18h00.
           L'AGENT: **Vous en êtes sorti(e) à 18h00.**

1. VOUS: Je suis allé(e) en ville avec mon chat.

   L'AGENT: _____

2. VOUS: Je voulais amener mon chat chez le vétérinaire.

   L'AGENT: _____

3. VOUS: Un jeune homme dans une 2CV ne s'est pas arrêté au feu rouge.

   L'AGENT: _____

4. VOUS: Afin d'éviter cet homme, j'ai freiné, mais c'était trop tard.

   L'AGENT: _____

5. Vous: Alors, je suis descendu(e) de la voiture, et maintenant je ne trouve plus mon chat.

      L'agent: _____

6. Vous: Il est peut-être en haut de l'arbre.

      L'agent: _____

7. Vous: Il aime bien les oiseaux.

      L'agent: _____

8. Vous: J'ai aussi un autre problème.

      L'agent: _____

9. Vous: Si je raconte cette histoire à mes parents, ils vont reprendre la voiture.

      L'agent: _____

10. Vous: Une petite voix me dit: « Raconte cet accident à tes parents »!

       L'agent: _____

11. Vous: Mais une autre petite voix me dit: « Ne raconte pas cet accident à tes parents »!

       L'agent: _____

12. Vous: Tiens! Voilà mes parents! Ils vont découvrir la vérité.

       L'agent: _____

13. Vous: Mais quelle bonne surprise! Ils ont mon chat.

       L'agent: _____

       Vous: Merci, Monsieur l'agent. Au revoir.

       L'agent: Au revoir.

✔ Page 6

Ⓥ DISJUNCTIVE PRONOUNS

ENTRAINEMENT

Ⓜ Que dire aux parents? Maintenant vous essayez d'expliquer à vos parents comment votre accident est arrivé (voir exercice L à la page 60). Complétez le texte avec les **pronoms disjoints** qui conviennent.

Vous: Maman, ne sois pas fâchée contre _____.

Maman: _____, je ne suis pas du tout fâchée. Je suis très contente de vous retrouver, _____

        et ton chat, en bonne santé. Mais ton père se fâche facilement, tu sais! _____ et

        _____, nous n'avons pas le même tempérament. Va parler avec _____.

Vous: Papa, ce n'est pas _____ qui ai provoqué cet accident. C'était un jeune homme qui ne s'est

        pas arrêté au feu rouge. _____ et _____ , nous nous sommes engagés dans

        le carrefour au même moment, et _____ , j'avais le choix entre entrer en collision avec

        _____ ou avec l'arbre.

Papa: Et ce jeune homme, pourquoi n'a-t-il pas expliqué tout cela _____ -même à l'agent? Mais

nous avons un autre problème, et c'est la voiture. N'oublie pas qu'elle n'est pas à _____; elle est

à ta grand-mère. Qui l'a achetée avec son propre argent? _____!

✔ Page 6

DEVELOPPEMENT

N **En bref.** Vous travaillez dans le bureau d'un petit journal de province. On vient de vous demander de relire la rubrique « Faits divers » écrite par un jeune journaliste récemment embauché. Vous découvrez alors avec horreur que ce jeune homme écrit très mal! En particulier, il semble ne pas savoir utiliser **les pronoms d'objet direct, indirect, disjoints, y** et **en**. Réécrivez sa rubrique en remplaçant les phrases ou propositions redondantes *(repetitive clauses)* par les pronoms qui conviennent. Attention! Vous n'allez pas remplacer tous les pronoms; il faut que les lecteurs de ce journal puissent comprendre l'article!

1. Le samedi 13 juillet, à 15h23, un chapeau vert et rose appartenant à Mme Claire Frileuse de Toulon a été écrasé par un camion. Selon Mme Frileuse, son chapeau était un peu trop grand, et le vent a emporté son chapeau dans la rue. Comme un gros camion se trouvait dans la rue juste à ce moment-là, elle n'a pas pu sauver le chapeau. Elle regrette beaucoup d'avoir perdu son chapeau.

_____

_____

_____

_____

_____

_____

_____

2. Gérard Beaumais, du Tholonet, a confirmé, le lundi 20 juillet, sa décision de vendre sa 2CV. Il vient de découvrir qu'il ne peut plus transporter d'œufs sans casser la moitié des œufs. Le dimanche 19 juillet, M. Beaumais a essayé d'apporter ses œufs au marché d'Aix, mais quand il est arrivé au marché d'Aix, il n'avait presque plus d'œufs. Il a téléphoné au chef de bureau de notre illustre journal et a raconté au chef de bureau cette triste histoire.

_____

_____

_____

_____

_____

_____

_____

3. Quelques conseils de la Fédération des Amis Routiers (FARs)

Vos poissons rouges ne peuvent pas supporter la chaleur; ne laissez pas vos poissons rouges sous le siège!

Les gendarmes travaillent pour vous; souriez toujours aux gendarmes!

Votre chien ne sait pas conduire; expliquez le code de la route à votre chien!

Tôt ou tard, les voitures tombent en panne; laissez les voitures au garage et prenez le train!

_____

_____

_____

_____

_____

_____

_____

✔ Page 6

Expression

A **Quelle voiture acheter?** Imaginez que vos parents décident de vous acheter une voiture neuve et qu'ils sont sur le point de vous offrir un 4×4. Quelle horreur! Vous n'aimez pas du tout ces grosses voitures tout-terrain. Vous vous voyez plutôt au volant d'une petite voiture électrique ou hybride. Que faire pour convaincre vos parents de vous acheter la voiture de vos rêves? Afin de bien organiser vos arguments, prenez d'abord des notes en suivant les suggestions. Puis essayez d'incorporer toutes ces idées dans votre rédaction.

Vos habitudes et vos besoins

1. Pourquoi avez-vous besoin d'une voiture?

_____

2. Combien de fois par semaine vous servez-vous de votre voiture?

_____

3. Faites-vous du covoiturage?

_____

4. Emmenez-vous souvent des amis en voiture?

_____

5. Quelle sorte de conducteur (conductrice) êtes-vous?

_____

Les deux voitures

1. Donnez quatre adjectifs qui décrivent la voiture que vous préférez.

_____

_____

2. Donnez trois adjectifs qui décrivent la voiture que vos parents préfèrent.

_____

_____

3. Comparez les deux voitures. Ecrivez une comparaison positive et une comparaison négative.

_____

_____

Maintenant, écrivez votre rédaction en parlant d'abord de vos habitudes et de vos besoins en tant qu'automobiliste, puis des raisons pour lesquelles vous préférez la voiture électrique/hybride.

B En panne. Votre vieille voiture est tombée en panne au milieu d'un carrefour. Vous êtes obligé(e) de téléphoner au garagiste et d'expliquer la situation. Ecrivez (sous forme de dialogue) la conversation que vous avez avec lui.

VOCABULAIRE UTILE:

aide *f.*	coûter
aider (quelqu'un à faire quelque chose)	problème *m.*
Allô, ne quittez pas. *(Hold on.)*	symptôme *m.*
Au secours! *(Help!)*	Je vous en prie. / Il n'y a pas de quoi. *(You're welcome.)*

C Plus besoin de voiture? Imaginez que vous habitez dans une grande ville et que vous pensez remplacer votre voiture par des rollers. Vos parents préféreraient que vous gardiez la voiture, mais si vous la vendez, ils voudraient vous voir vous déplacer en autobus ou en métro. D'autre part, votre copain (copine) essaie de vous convaincre qu'un scooter serait plus pratique. Expliquez à vos parents et à votre copain (copine) les avantages des rollers et les inconvénients de tous les moyens de transport qu'ils suggèrent. Avant d'écrire, prenez des notes sur ces points:

1. les inconvénients d'une voiture dans une grande ville

_____

2. les inconvénients de l'autobus et du métro

_____

3. les inconvénients d'un scooter partout

_____

4. les avantages des rollers en ville

_____

Maintenant, écrivez l'argument que vous présenterez pour convaincre les autres que votre solution (l'usage des rollers) est la meilleure.

Vidéo: Piétons en danger?

❶ AVANT DE VISIONNER

A Préférez-vous vous promener en ville à pied, à vélo ou aux rollers? Expliquez cette préférence.

_____

_____

_____

B Est-ce que ces différentes façons de se déplacer peuvent être dangereuses pour vous? Pour les autres? Expliquez.

_____

_____

_____

_____

C Dans votre ville, y a-t-il des lois précises qui règlent la conduite des piétons? des cyclistes? des rolleurs? Si oui, expliquez-les.

_____

_____

_____

_____

Ⅱ EN VISIONNANT

🌐 Rendez-vous sur le site web de **_Sur le vif_** pour regardez la vidéo.

A Les cinq personnes interviewées ne sont pas d'accord sur les dangers que les cyclistes et les rolleurs posent pour les piétons. Expliquez leurs différences d'opinion.

_____

_____

_____

_____

B Quelle mauvaise conduite par les cyclistes et les rolleurs est mentionnée le plus souvent par ces personnes?

_____

_____

C Qu'est-ce que les cyclistes et les rolleurs doivent faire pour que les piétons ne soient pas en danger, selon ces personnes?

_____

_____

_____

Ⅲ APRÈS AVOIR VISIONNÉ

Faites une liste de 5 conseils pour les cyclistes et de 5 conseils pour les rolleurs pour que les habitants de votre ville soient complètement hors de danger quand ils se déplacent à pied.

Conseils pour les cyclistes:

1. _____

2. _____

3. _____

4. _____

5. _____

Conseils pour les rolleurs:

1. _____

2. _____

3. _____

4. _____

5. _____

Les voyages

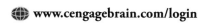
www.cengagebrain.com/login

> ✔ Vérifiez vos réponses *(Student Activities Manual Answer Key and Audio Script)*

Vocabulaire

ENTRAINEMENT

A Les noms et les verbes. Dans les listes de vocabulaire de votre manuel, trouvez les verbes qui correspondent aux noms suivants.

1. le bronzage _____

2. la détente _____

3. la découverte _____

4. un amusement _____

5. la baignade _____

6. la culture _____

7. la chasse _____

✔ Page 7

B Les personnes et leurs activités. Dans les listes de vocabulaire de votre manuel, trouvez les activités des personnes suivantes. Attention aux formes des verbes!

> **Modèle:** Un pêcheur **va à la pêche.**

1. Un skieur _____.

2. Un surfeur _____.

3. Des alpinistes _____.

4. Un chasseur _____.

5. Des randonneurs _____.

6. Des baigneurs _____.

7. Un promeneur _____.

✔ Page 7

C **Où vont-ils?** Complétez les phrases avec les mots appropriés des listes de vocabulaire C et D de votre manuel.

1. J'adore la mer et le soleil. Je passe mes vacances à la _____.

2. Mon frère préfère faire de l'escalade. Il va à la _____.

3. Mes parents veulent se reposer, regarder la mer et bien manger. Ils prennent un grand bateau pour faire une

   _____.

4. Mes grands-parents passent leurs vacances dans leur _____ près du petit village où ils ont vécu pendant leur jeunesse.

5. Mes copains et moi, nous n'avons pas beaucoup d'argent et nous aimons rencontrer d'autres jeunes qui voyagent, alors nous dormons dans des _____.

6. J'ai acheté une nouvelle tente; je vais passer mes vacances sur un _____.

7. Comme leurs parents travaillent, les enfants partent en _____ cet été. Ils vont retrouver leurs copains de l'année dernière et faire plein d'activités amusantes.

✔ Page 7

D **On part en vacances.** Complétez les phrases avec les mots appropriés des listes de vocabulaire C et D de votre manuel.

1. Puisque mon copain adore les rivières et n'a pas peur de l'eau froide, il veut toujours faire du

   _____.

2. Quand il fait très beau, si je veux regarder le ciel avant de m'endormir, je couche _____

   _____.

3. Mes parents passent toujours leurs vacances à la montagne dans un petit _____ qu'ils ont acheté il y a dix ans. L'hiver on peut faire du ski dans la région.

4. L'été, en Europe, on voit beaucoup de Hollandais et de Danois avec une _____ derrière leur voiture quand ils partent vers le Sud.

5. Quand les enfants sont en _____ , on les oblige à écrire à leurs parents ou à leur téléphoner de temps en temps.

6. Quand on a la peau toute rouge après avoir passé trop de temps au soleil, on a pris _____

   _____.

7. Si on veut faire du ski, du surf des neiges et des randonnées en raquette, on passe les vacances dans une _____ , par exemple en Suisse, ou au Colorado.

8. Quand on se lève très tard, on _____.

9. Les personnes qui adorent les chevaux font souvent _____.

✔ Page 7

DEVELOPPEMENT

E **Vos préférences?** Trouvez au moins quatre activités pour chaque catégorie.

1. ce que j'aime faire en été _____

   _____

2. ce que je ne voudrais jamais faire en vacances _____

_____ .

3. ce que je n'ai jamais fait en vacances mais que je voudrais faire un jour _____

_____ .

F **Venez chez nous!** Imaginez que vous travaillez pour l'office du tourisme d'une région que vous connaissez bien. Vous voulez attirer des touristes, alors vous préparez une brochure dans laquelle vous décrivez les charmes et les activités de la région. Ecrivez une introduction pour cette brochure en cinq ou six phrases.

_____

_____

_____

_____

_____

_____

_____

_____

_____

_____

Structures

❶ VERB REVIEW

A **A la mer.** Complétez le passage en mettant les verbes entre parenthèses au **présent**, à **l'imparfait** ou au **passé composé**, selon le cas. Faites tous les changements nécessaires.

Depuis des années, notre famille passe les vacances à la mer. Nous allons dans la même station balnéaire,

descendons au même hôtel et _____ (prendre) nos repas dans les mêmes

restaurants. Jusqu'à l'année dernière, je _____ (manger) toujours des fruits de

mer, mais un soir je suis tombée malade. Je_____ (beaucoup souffrir), alors je

_____ (comprendre) que j'étais allergique aux moules. Depuis ce jour-là, je n'en

_____ (manger) plus.

   Quand nous sommes à la plage, mon mari et moi, nous _____

(nager) quand l'eau n'est pas trop froide, mais nous _____ (ne pas faire)

de la plongée. Quand nos enfants étaient adolescents, ils _____ (faire) de la plongée presque tous les jours et un jour, ils _____ (découvrir) une

épave *(wreck)*. Cela _____ (surprendre) tout le monde. D'habitude, les

plongeurs _____ (ne rien découvrir) de nouveau dans cette région. Nous

_____ (apprendre) que ce bateau avait coulé *(had sunk)* il y a deux cents ans.

Des plongeurs professionnels _____ (offrir) un petit coffret *(chest)* trouvé dans

l'épave comme récompense à nos enfants.

✔ Page 7

II PREPOSITIONS WITH GEOGRAPHICAL NAMES

ENTRAINEMENT

B Personne n'est d'accord. Complétez le texte avec les **prépositions** convenables.

Cet été mon grand-père veut aller _____ France, surtout _____ Normandie parce

qu'il était soldat pendant la guerre. Ma mère, dont la famille vient _____ Irlande, préfère aller

_____ Dublin. Mon oncle, qui est _____ Canada, trouve qu'il y pleut trop. Il habite

_____ Montréal et il veut se rendre _____ Italie ou _____ Espagne

où on mange bien et où il fait chaud. Ma grand-mère aimerait aller _____ Pays-Bas pour y voir les

tulipes. Mon frère rêve de faire de la randonnée _____ Amérique du Sud. Moi, j'apprends le japonais

en ce moment, alors je voudrais aller _____ Japon. Comment nous mettre d'accord?

✔ Page 7

DEVELOPPEMENT

C Où iriez-vous? Finissez les phrases de façon logique.

1. Si je voulais faire du ski, j'irais _____

   parce que _____.

2. Si mes ancêtres étaient chinois, je voudrais aller _____.

   Une fois arrivé(e), je _____.

3. Si je m'intéressais à la littérature classique (grecque et romaine), je voyagerais _____

   et je visiterais surtout _____

   _____.

4. Si je voulais voir des animaux exotiques, j'irais _____.

   J'emporterais _____ avec moi.

   [**Attention:** *on emporte des choses, pas des personnes.*]

5. Si j'étudiais la botanique, je voyagerais _____

   et je rapporterais _____ chez moi.

6. Si j'étais dans le Corps de la Paix *(Peace Corps)*, je voudrais aller _____

   parce que _____.

7. Si j'étais très riche, je passerais mes vacances _____

   et j'inviterais _____ .

8. Si je ne voulais rien faire, j'irais _____

   et je passerais mon temps à _____ .

9. Si je parlais couramment l'espagnol, je ferais des études _____

   parce que _____ .

10. Si je faisais le tour du monde, je commencerais _____

    J'amènerais _____ avec moi parce que _____ .

Ⅲ FUTURE TENSE

ENTRAINEMENT

D Je suis content(e) de mes vacances « vertes ». Les vacances que vous passez tous les ans vous plaisent et vous avez l'intention de ne rien changer. Récrivez le passage au **futur.** N'écrivez que le sujet et le verbe!

Je pars trois semaines en juin à la montagne où je fais de la randonnée, je couche à

_____

la belle étoile et je me repose. Il y a toujours deux ou trois copains qui

_____

m'accompagnent et le soir nous nous racontons de belles histoires. Nous ne nous

_____

ennuyons jamais. Quand il pleut, nous mettons nos ponchos et nous buvons des

_____

tisanes. L'hiver c'est le ski de fond qui me plaît. Les soirées dans des chalets autour du feu

_____

me permettent d'oublier le stress du travail.

_____

✔ Page 7

E Une vie saine à l'avenir. Mettez les verbes entre parenthèses à la forme du **futur** qui convient.

Personne ne _____ (travailler) plus de trente heures par semaine et tout le monde

_____ (être) en meilleure santé parce que nous _____ (pouvoir) faire du sport

quand nous le _____ (vouloir). Nous _____ (aller) partout à pied ou nous

_____ (prendre) les transports en commun ou le vélo puisque les voitures _____

(être) trop chères. On ne _____ (fumer) plus. La plupart des gens _____ (faire)

du jardinage et on _____ (manger) ses propres légumes biologiques. Nous _____

(voir) nos amis et notre famille plus souvent. Et bien sûr, nous _____ (avoir) tous cinq semaines

de vacances.

✔ Page 7

DEVELOPPEMENT

RAPPEL Si le contexte est le futur, le verbe doit être au **futur** après **quand, lorsque, dès que, tant que** et **aussitôt que.**

F Des projets pour Haïti. Finissez les phrases de façon logique. Attention au temps.

1. Je ne voyagerai pas en Haïti tant que _____.

2. Mais je partirai pour Haïti aussitôt que _____.

3. J'irai à Port-au-Prince quand _____.

4. J'y aurai un poste dès que _____.

5. Je retournerai chez moi lorsque _____.

G On part quand même. Imaginez les vacances que passera un(e) étudiant(e) qui a très peu d'argent. Trouvez-lui d'abord un nom. Puis décrivez ce qu'il (elle) fera. Ecrivez un paragraphe d'au moins cinq phrases au **futur.**

_____

_____

_____

_____

_____

_____

_____

_____

IV CONDITIONAL FORMS

ENTRAINEMENT

H A ta place. Vous croyez tout savoir, alors vous donnez des conseils à une amie qui part en voyage. Mettez les infinitifs entre parenthèses à la forme du **conditionnel** qui convient.

A ta place, je n'_____ pas (emporter) pas tant de vêtements. Tu _____ (devoir) prendre un sac à dos au lieu d'une valise. Je _____ (lire) plus de guides avant de partir.

J'_____ (acheter) plus de médicaments. Je _____ (ne pas boire) l'eau. Mes parents m'_____ (accompagner) à l'aéroport.

Ils _____ (choisir) les hôtels pour moi. Ils ne me _____ pas (laisser) descendre dans des auberges de jeunesse. Mon père me _____ (donner) plus d'argent.

Est-ce que tu _____ (vouloir) voyager avec moi? Non? Pourquoi pas?

✔ Page 7

I **Et si nous restions à la maison?** Un père de famille propose à sa femme de passer les vacances à la maison, avec les enfants. Il explique ce que chaque personne ferait. Mettez les verbes entre parenthèses au **conditionnel présent**.

« Tous les jours, nous _____ (faire) la grasse matinée. Nous _____ (prendre) le petit déjeuner à la terrasse et les enfants _____ (faire) le ménage. Tu _____ (se reposer). Dorothée _____ (pouvoir) apprendre à faire la cuisine et Nicolas _____ (s'occuper) du jardin avec moi. Nous ne _____ jamais (se disputer). Je _____ (se détendre) mieux parce que je ne _____ pas (conduire) notre vieille voiture ».

La maman croit que son mari rêve. Elle voit les choses d'une autre manière: « Si nous restions à la maison, les enfants _____ (passer) toute la journée devant l'ordinateur. Ils ne _____ (jouer) jamais dehors et leurs copains _____ (être) tous en colonie. Il y _____ (avoir) constamment des disputes et nous _____ (gronder) les enfants tout le temps. Toi, tu _____ (s'ennuyer) vite et moi, je _____ (être) encore plus stressée après les vacances qu'avant ».

✔ Page 7

J **Des promesses.** Les enfants sont déçus parce que les vacances ne correspondent pas à ce que leurs parents avaient promis. Transformez leurs phrases en **discours indirect**.

Modèle: Tu as dit: « Nous ferons du camping ».
Tu as dit que nous ferions du camping.

1. Papa a promis: « Nous visiterons Disneyland Pari. ».

_____
_____

2. Maman a expliqué: « La famille mangera souvent au MacDo ».

_____
_____

3. Papa a déclaré: « Je ne me fâcherai jamais ».

_____
_____

4. Vous nous avez dit: « Nous irons à la pêche ».

_____
_____

5. Maman a répété: « Papa viendra avec nous à la piscine tous les jours ».

_____
_____

✔ Page 7

DEVELOPPEMENT

K **Des complications.** Expliquez ce que les personnes indiquées feraient dans les situations suivantes en utilisant des verbes au **conditionnel présent**.

1. Vos valises ne sont pas là quand vous descendez de l'avion. (Je)

_____

_____

2. A l'hôtel, on ne trouve pas les réservations de vos parents. (Ils)

_____

_____

3. Un copain est à la montagne pour faire du ski, mais il n'y a pas assez de neige. (Il)

_____

_____

4. Vos parents et vous êtes à la plage en juillet et il pleut tout le temps. (Nous)

_____

_____

5. Vous tombez malade dans un pays dont vous ne parlez pas la langue. (Je)

_____

_____

L **Du calme.** Si votre professeur de français voulait se détendre au lieu de partir en vacances, que ferait-il (elle)? Que ne ferait-il (elle) pas? Ecrivez un paragraphe de quatre ou cinq phrases pour décrire ses vacances à la maison.

_____

_____

_____

_____

_____

_____

_____

_____

_____

FUTURE PERFECT

ENTRAINEMENT

M **Avant le voyage.** Une étudiante imagine tout ce qu'elle aura fait avec ses amis en Haute-Savoie (dans les Alpes) avant de retourner chez elle. Utilisez les éléments donnés pour faire des phrases complètes et faites les changements nécessaires. Mettez les verbes au **futur antérieur.**

> **Modèle:** je / écrire / cartes postales / et / je / envoyer / plusieurs courriels
> **J'aurai écrit des cartes postales et j'aurai envoyé plusieurs courriels.**

1. nous / voir /le Mont-Blanc / et / prendre / la télécabine *(cable car)* jusqu'à l'Aiguille du Midi

_____

_____

2. je / dîner / dans / fermes / et / je / ne pas dépenser / beaucoup / argent

_____

_____

3. mes amis / se lever / à l'aube / et / ils / faire / l'escalade

_____

_____

4. nous / prendre / le TGV / Genève et / nous / aller / Lausanne aussi

_____

_____

5. et enfin / nous / se rendre / Italie et / je / voir / tout / Alpes *(f. pl.)*

_____

_____

✔ Page 8

DEVELOPPEMENT

N **A l'avenir.** Finissez les phrases pour indiquer (au **futur antérieur**) quelle action aura précédé celle qui est indiquée.

1. Je ferai le tour du monde quand _____

_____.

2. Mon père (oncle, cousin) jouera au golf tous les jours dès que _____

_____.

3. Mes grands-parents feront une croisière aussitôt que _____

_____.

4. Mes amis ne seront plus à l'université lorsque _____

_____.

5. Je serai très heureux(-euse) quand _____

_____.

Ⓥ❙ PAST CONDITIONAL

ENTRAINEMENT

Ⓞ **Des regrets.** Véronique, qui croit tout savoir, explique ce que sa mère aurait dû faire autrement en vacances. Mettez les verbes entre parenthèses au **conditionnel passé**. Faites les accords nécessaires.

Je _____ (ne pas se fâcher) contre Maman si elle m'avait écoutée. Elle

_____ (pouvoir) visiter le Maroc si elle avait réservé plus tôt. Elle

_____ (ne pas se plaindre) de la chaleur si elle n'était pas allée en Tunisie au mois

d'août. Si elle n'était pas restée au soleil toute la journée, elle _____ (ne pas attraper)

de coup de soleil. Si elle n'avait pas tant mangé, elle _____ (ne pas prendre) de

poids. Si elle m'avait envoyé une carte postale, j'_____ (être) contente. Nous

_____ (aller) la chercher à l'aéroport si elle nous avait prévenus.

✔ Page 8

DEVELOPPEMENT

Ⓟ **Si j'avais été québécois(e) il y a 75 ans.** Finissez les phrases de façon logique en utilisant un verbe au **conditionnel passé**.

1. Si j'étais né(e) dans un petit village du Québec, _____

_____.

2. Si mon père avait été agriculteur, _____

_____.

3. Si mes parents avaient eu sept enfants, _____

_____.

4. Si je n'avais pas fait d'études, _____

_____.

5. Si je n'avais jamais voyagé, _____

_____.

VII IF-CLAUSES

ENTRAINEMENT

C'est quel temps? Choisissez la fin correcte pour chaque phrase.

1. J'irai à Tahiti si mon père
   a. me donne assez d'argent.
   b. me donnerait assez d'argent.
   c. me donnera assez d'argent.

2. S'il avait découvert le plaisir de voyager, il
   a. partira plus souvent.
   b. serait parti plus souvent.
   c. part plus souvent.

3. Nous ferions du stop
   a. si ce ne serait pas dangereux.
   b. si ce n'est pas dangereux.
   c. si ce n'était pas dangereux.

4. Si tu prends un coup de soleil
   a. il vaudrait mieux rester à l'ombre demain.
   b. il vaudra mieux rester à l'ombre demain.
   c. il vaut mieux rester à l'ombre demain.

5. Ils auraient acheté une nouvelle tente s'ils
   a. avaient voulu faire du camping.
   b. veulent faire du camping.
   c. voudraient faire du camping.

6. Si vous vouliez vous cultiver, vous
   a. visiterez le musée d'Orsay.
   b. avez visité le musée d'Orsay.
   c. visiteriez le musée d'Orsay.

7. Si mes amis s'étaient amusés au Québec, ils
   a. y seraient retournés.
   b. y seront retournés.
   c. y retourneront.

 Page 8

R Se déplacer. Mettez les verbes entre parenthèses au temps qui convient (**futur, conditionnel, présent** ou **conditionnel passé**).

Si l'essence coûte encore plus cher, personne ne _____ (prendre) sa voiture pour aller en vacances. Alors que _____ -nous (faire) si nous ne pouvons plus payer l'essence? Comment _____ -vous (réagir) si vous ne pouviez plus aller partout en voiture? Si on construisait des voitures plus économiques, nous _____ (dépenser) moins et on _____ (protéger) l'environnement en même temps. Si l'essence n'avait pas été si bon marché pendant les années deux mille, on _____ (vendre) moins de 4x4 aux Etats-Unis et on _____ (s'habituer) à prendre les transports en commun. Le gouvernement les _____ (subventionner) davantage si les pays pétroliers avaient continué à limiter la vente du pétrole.

✔ Page 8

DEVELOPPEMENT

S Et si voyager est (était) différent? Finissez les phrases de façon logique. Attention au temps des verbes!

1. Si on n'avait pas inventé l'avion, _____
_____.

2. Si le monde entier avait une monnaie commune, _____
_____.

3. On n'aurait pas besoin de passeports si _____
_____.

4. S'il n'y avait plus de touristes aux Etats-Unis, _____
_____.

5. Les enfants ne partiront plus en colonie de vacances si _____
_____.

6. Des touristes américains auraient visité l'Europe en 1941 si _____
_____.

7. Nous aurions tous cinq semaines de vacances si _____
_____.

T Il y a cent ans. Comment auriez-vous passé vos vacances il y a cent ans? Ecrivez un petit paragraphe de cinq à six phrases, au **conditionnel passé**, pour expliquer comment vous vous seriez déplacé(e), où vous seriez allé(e) et ce que vous auriez fait.

_____

_____

_____

_____

_____

_____

_____

_____

_____

_____

VIII *PASSE SIMPLE* AND *PASSE ANTERIEUR*

ENTRAINEMENT

U **Trouvez les temps.** Entourez tous les verbes au **passé simple** et au **passé antérieur** dans le passage suivant. Ensuite, (1) faites une liste de tous les verbes entourés, (2) donnez l'infinitif de chaque verbe et (3) mettez chaque verbe au **passé composé** (pour le **passé simple**) ou au **plus-que-parfait** (pour le **passé antérieur**).

Dans ce passage, Tobie, un jeune homme, amène son vieux père à Québec, où il n'était jamais allé. Le vieillard a peur, et tient les yeux fermés pendant le voyage en voiture.

Alors il (comprit) qu'il n'avait plus le droit de tenir les yeux fermés.

Le vieil homme aperçut des maisons plus hautes que l'église. Son fils l'amena devant un immense château dont il avait entendu le nom quand on parlait des gens riches, le Château Frontenac; ensuite son fils lui montra quelque chose de beaucoup plus vieux que lui.

L'automobile noire s'arrêta devant un grand jardin; Tobie fit descendre son père.

Et ce fut l'heure du retour. Dans la voiture, le fils remarqua que son père tenait les yeux fermés.

Dès qu'il eut déposé son père chez lui, le fils s'empressa de repartir.

Modèle: **(1) comprit**   **(2) comprendre**   **(3) a compris**

_____   _____   _____

_____   _____   _____

_____   _____   _____

_____   _____   _____

_____   _____   _____

_____   _____   _____

_____   _____   _____

_____   _____   _____

_____   _____   _____

✔ Page 8

V **Encore des verbes.** Donnez la forme équivalente au **passé composé** des verbes au **passé simple.**

1. un fils sortit de la voiture _____

2. la longue voiture l'enleva _____

3. il ferma les yeux _____

4. il ne vit pas les villages _____

5. il attendit le retour de la voiture _____

✔ Page 8

Expression

A **Le pessimiste.** Vos amis veulent que vous passiez deux mois avec eux en Europe. Ils ont l'intention de visiter autant de pays que possible, de faire du stop, de descendre dans des auberges de jeunesse, etc. Vous n'avez aucune envie de faire cette sorte de voyage et puisque vous êtes de mauvaise humeur, vous leur décrivez tous les problèmes qu'ils auront. Faites une description, au **futur,** qui pourrait les faire changer d'avis!

Avant d'écrire, prenez des notes sur ces sujets:

1. les transports _____

2. le logement _____

3. le temps qu'il fera _____

4. les gens qu'ils rencontreront _____

5. quelques événements difficiles ou dangereux auxquels ils devront faire face *(will have to confront)* _____

_____

Maintenant, en deux ou trois paragraphes au **futur,** écrivez votre vision pessimiste de ce voyage.

B **Et si j'étais…** Choisissez un personnage de film ou de la littérature dont vous aimeriez vivre la vie! Dans un premier paragraphe, parlez de vous-même: Dites à quelle époque et dans quel pays vous vivez, et parlez de vos traits de caractère, de votre apparence physique, de votre vie quotidienne, de votre travail, de vos amis, de votre famille. Dans un deuxième paragraphe, décrivez un voyage que vous feriez si vous étiez ce personnage. En guise de conclusion, expliquez pourquoi vous avez choisi ce personnage.

C **Les voyages ouvrent l'esprit.** En deux ou trois paragraphes, expliquez le sens de cette phrase.

1. En quoi est-ce que les voyages nous cultivent? Qu'est-ce qu'on apprend quand on voyage?

2. Est-ce que cela est encore vrai dans le monde actuel où nous avons Internet, la télévision, le cinéma, etc.? En quoi ce que l'on apprend en voyageant est-il différent de ce que l'on apprend en utilisant le multimédia?

3. Quelle conclusion en tirez-vous?

Vidéo: On part en vacances!

I AVANT DE VISIONNER

A Chez nous. Aux Etats-Unis, quelles sont les destinations de vacances favorites des Américains? Mentionnez-en au moins trois et expliquez pourquoi.

_____

_____

_____

_____

Et quelles sont les destinations de vacances que les touristes étrangers préféreraient aux Etats-Unis, selon vous? Mentionnez-en au moins trois et expliquez pourquoi.

_____

_____

_____

_____

B En France. Près de 80% des Français ne quittent pas la France quand ils partent en vacances. Selon vous, où les Français préfèrent-ils aller? Quelles destinations choisissent-ils?

_____

_____

_____

C Vos préférences. Et si vous pouviez voyager n'importe où, quelle destination choisiriez-vous?

_____

_____

Ⅱ EN VISIONNANT

🌐 Rendez-vous sur le site web de *Sur le vif* pour regardez la vidéo.

A En France et à l'étranger. Quelles sont les destinations de vacances qu'on préfère?

1. Notez trois des destinations de vacances les plus connues en France. Qu'est-ce qui les caractérise?

_____

_____

_____

_____

2. Notez trois pays étrangers mentionnés.

_____

_____

B Où est-ce qu'on voyage?

1. Est-ce que tous les francophones préfèrent quitter la France? Expliquez.

_____

_____

_____

2. Où le Mauritanien aime-t-il passer ses vacances? Pourquoi?

_____

_____

_____

Ⅲ APRÈS AVOIR VISIONNÉ

Un pays à découvrir: la Mauritanie

Cherchez la Mauritanie sur Internet. Où se trouve-t-elle? Si on y allait en touriste, qu'est-ce qu'on y visiterait? Mentionnez aux moins trois raisons de visiter ce pays.

_____

_____

_____

_____

Chapitre 6

Ciné et télé

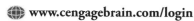 Vérifiez vos réponses *(Student Activities Manual Answer Key and Audio Script)*

Vocabulaire

ENTRAINEMENT

A **Quel genre de film?** Trouvez les films dans la colonne de droite qui correspondent aux genres dans la colonne de gauche.

1. ___*e*___ film d'horreur
2. ___*g*___ film comique
3. ___*a*___ film d'animation
4. ___*d*___ film d'aventures
5. ___*f*___ comédie musicale
6. ___*h*___ film classique
7. _____ drame historique
8. _____ film fantastique

   a. *Ratatouille*

   b. *Le discours d'un roi*

   c. *Le Seigneur des anneaux: la communauté de l'anneau*

   d. *Pirates des Caraïbes: jusqu'au bout du monde*

   e. *La Nuit des morts-vivants*

   f. *Le Magicien d'Oz*

   g. *Monty Python, La Vie de Brian*

   h. *Casablanca*

✔ Page 8

B **Définitions.** Trouvez les mots de la liste de vocabulaire A de votre manuel qui correspondent aux définitions suivantes. <u>Mettez l'article défini</u> devant les noms.

1. film à caractère didactique ou culturel qui montre un aspect particulier de la réalité   _____

2. version d'un film étranger dans lequel on a ajouté des sous-titres dans la langue du pays où on le passe   _____

3. surface blanche sur laquelle on projette des images   _____

4. celui qui a le rôle le plus important dans un film   _____

5. techniques permettant de modifier l'apparence de l'image   _____

6. film qui fait peur   _____

7. amateur et connaisseur en matière de cinéma   _____

8. auteur de scénarios de films   _____

✔ Page 8

C **La télévision.** Complétez les phrases avec des mots de la liste de vocabulaire B de votre manuel.

1. Il y a des gens qui regardent la _____ parce qu'ils n'ont pas de téléviseur.

2. Un _____ dans la voiture permet aux enfants de regarder des dessins animés pendant de longs voyages.

3. *Les Simpson* est une _____ qui a eu beaucoup de succès en France comme aux Etats-Unis.

4. Si vous avez un _____, vous pouvez filmer vos vacances.

5. TF1 et France 2 sont des _____ de télévision françaises.

6. Pour changer de chaîne sans avoir besoin de se lever, il faut avoir une _____.

7. Si vous avez le _____ ou la _____, vous avez accès à une grande variété d'émissions télévisées.

8. Tous les soirs, à 20h00, beaucoup de Français regardent _____ pour savoir ce qui se passe dans le monde. Aux Etats-Unis, cette émission passe plus tôt dans la soirée, entre 18h00 et 19h00.

9. Pendant la _____ à la télé, on peut aller chercher quelque chose à manger, passer un coup de téléphone ou simplement zapper pour ne pas la regarder.

✔ Page 8

DEVELOPPEMENT

D **Au cinéma.** Finissez les phrases de façon logique.

1. Je vais au cinéma _____ fois par mois. (Si vous n'allez que rarement ou jamais au cinéma, expliquez pourquoi en un paragraphe de trois ou quatre phrases sur une feuille séparée et ne répondez pas aux autres questions.)

2. Les genres de films que je préfère sont _____
_____

parce que _____
_____.

3. Pour moi, ce qui est le plus important dans un film, c'est (ce sont) _____
_____
_____.

4. Quand je vais au cinéma, je veux _____
_____
_____.

5. Le dernier film que j'ai vraiment aimé était _____
_____

parce que _____.

Nom _____ Date _____

E **La télé et moi.** Dites quel genre de téléspectateur (téléspectatrice) vous êtes en quatre ou cinq phrases. Quand regardez-vous la télévision? Combien d'heures par semaine la regardez-vous? Quelles sortes d'émissions regardez-vous? Lesquelles ne regardez-vous jamais? Faites-vous autre chose pendant que vous regardez la télévision?

_____

_____

_____

_____

_____

_____

_____

_____

_____

_____

_____

_____

_____

Structures

I VERB REVIEW

A **Les préférences.** Complétez le paragraphe en mettant les verbes **préférer** ou **projeter** au **présent**, au **conditionnel présent**, à **l'imparfait** ou au **passé composé**, selon le cas.

Moi, au cinéma, je __préfère__ les films policiers et les films d'horreur, mais quand j'étais petit, je __préférais__ les dessins animés et les films fantastiques. Mes parents trouvent que les salles de cinéma __projette__ aujourd'hui peu de films que les enfants peuvent voir. Ils disent qu'autrefois on __préfère__ plus de films pour toute la famille. Les garçons __préfèrent__ souvent les films d'aventures où il y a beaucoup d'effets spéciaux. Si j'allais au cinéma avec mes neveux, nous __préférons__ voir des films de science-fiction, comme *La Guerre des étoiles*, qui est déjà un classique. Quand on l' __a projeté__ dans le cinéma de notre quartier, il a encore attiré un public énorme. Quand je vais au cinéma avec ma copine, qui est une vraie cinéphile, nous __préférons__ voir des grands classiques.

✔ Page 8

 NEGATIVE EXPRESSIONS

ENTRAINEMENT

B Correspondances. Trouvez l'expression négative de la colonne de droite qui correspond à l'expression affirmative de la colonne de gauche.

1. _____c_____ souvent   **a.** ne .. rien

2. _____d_____ et ... et   **b.** ne... personne

3. _____f_____ déjà   **c.** ne... jamais

4. _____a_____ quelque chose   **d.** ne... ni... ni

5. _____e_____ encore   **e.** ne... plus

6. _____b_____ quelqu'un   **f.** ne... pas encore

✔ Page 9

C De mauvaise humeur. Jean-Christophe voudrait sortir avec Véronique, mais elle a trop de travail et elle rejette toutes ses suggestions. Ecrivez les réponses de Véronique en utilisant une **expression de négation différente** dans chaque phrase.

1. JEAN-CHRISTOPHE: Tu veux faire quelque chose ce soir?

    VERONIQUE: Je ne veux rien faire ce soir.

2. JEAN-CHRISTOPHE: Tu ne sors pas avec moi?

    VERONIQUE: Je ne sors jamais. Je dois travailler.

3. JEAN-CHRISTOPHE: Mais tu avais envie de voir le nouveau film iranien?

    VERONIQUE: C'est vrai, mais maintenant je ne veux plus voir le film.

4. JEAN-CHRISTOPHE: On peut sortir quand même. Tu finiras ta dissertation demain.

    VERONIQUE: Si je sors, je ne fais ni boire ni danser.

5. JEAN-CHRISTOPHE: Tu as déjà commencé tes recherches?

    VERONIQUE: Non, malheureusement, je n'ai pas encore commencé.

    JEAN-CHRISTOPHE: En effet, tu as raison de ne pas sortir.

✔ Page 9

D On discute avec grand-père. Jean-Paul essaie d'expliquer à son grand-père pourquoi il passe autant de temps devant la télé, et il est étonné de découvrir que son grand-père ne partage pas cette passion. Complétez leur dialogue en ajoutant les remarques (toutes négatives!) du grand-père. Utilisez une **expression négative différente** dans chaque phrase.

1. JEAN-PAUL: Moi, j'aime beaucoup la télévision!

    LE GRAND-PERE: Je n'aime pas la télévision

2. JEAN-PAUL: Je la regarde toujours le soir après le dîner.

LE GRAND-PERE: Je ne le regarde jamais

3. JEAN-PAUL: Tous les téléfilms sont très intéressants.

LE GRAND-PERE: Beaucoup de téléfilms ne sont pas encore intéressants

4. JEAN-PAUL: La télé-réalité et les jeux télévisés sont amusants.

LE GRAND-PERE: Ni la télé-réalité ni les jeux télévisés sont amusants

5. JEAN-PAUL: Le lecteur DVD a déjà remplacé le cinéma.

LE GRAND-PERE: Personne regarde le lecteur DVD

6. JEAN-PAUL: Tous les gens que je connais préfèrent regarder les films en DVD.

LE GRAND-PERE: Il n'y a aucun que je connais préfèrent les films en DVD

7. JEAN-PAUL: Il y a toujours quelque chose d'intéressant dans la publicité à la télé.

LE GRAND-PERE: Il n'y a rien que des choses intéressants

8. JEAN-PAUL: Mais ne pars pas! J'ai encore envie de discuter de ce sujet.

LE GRAND-PERE: Moi, je pars. Je ne suis plus intéressé

✔ Page 9

DEVELOPPEMENT

E La télévision et les enfants. Imaginez que vous êtes psychologue et qu'on vous demande de parler de la mauvaise influence de la télé sur les enfants. Ecrivez quatre phrases pour exprimer vos idées sur ce sujet en utilisant **une variété d'expressions négatives.**

Modèle: Moi, je trouve que ni les informations ni les séries ne sont bonnes pour les enfants.

1. Il n'y a personne qui doit voir la télé chaque jour.

2. _____

_____

3. _____

_____

4. _____

_____

F Un mauvais film. On vous a demandé d'écrire la critique d'un film qui vient de sortir et que vous n'avez pas du tout aimé. En un paragraphe de quatre ou cinq phrases, soulignez les aspects négatifs de ce film en utilisant différentes **expressions négatives.**

Modèle: Le dénouement n'est pas logique.

_____

_____

_____

_____

_____

_____

_____

_____

_____

_____

RAPPEL   **Qui** is the relative pronoun to use if the clause needs a *subject*. **Que** is the relative pronoun to use if the clause needs a *direct object*. To review the relative pronouns that function as objects of prepositions (**de, à, dans,** etc.), see the textbook, pp. 200–202.

III RELATIVE PRONOUNS

ENTRAINEMENT

G Louis, le cinéphile. Louis, un jeune Français de 24 ans, passe tout son temps au cinéma. Puis, quand il rentre chez lui le soir, il regarde des films à la télé. Il préfère voir les films en version originale et il connaît tous les titres en anglais. Complétez les remarques de Louis sur les films qu'il a vus récemment en ajoutant les **pronoms relatifs** qui conviennent.

1. *Le Parrain* ("The Godfather") est un film policier dans ___~~qui~~ lequel___ Marlon Brando joue le rôle principal.

2. *Les Temps modernes* ("Modern Times") est un film ___qui___ tout le monde devrait voir dans sa vie.

3. *Fenêtre sur cour* ("Rear Window") de Hitchcock est un film ___~~que~~ dont___ m'a beaucoup plu.

4. Mais je ne comprends pas ___qui___ a plu à tant de gens dans *Psychose* ("Psycho").

5. Un excellent classique ___~~que~~ dont___ ma mère parle toujours est *Certains l'aiment chaud* ("Some Like it Hot").

6. *La Couleur des sentiments* ("The Help") est un drame ___que___ j'ai trouvé très frappant.

7. ___Que___ j'ai trouvé intéressant dans *Harry Potter et les reliques de la mort* ("Harry Potter and the Deathly Hallows") c'étaient les effets spéciaux.

8. Pour bien comprendre un film en version originale, il me faut une salle de cinéma ___où___ les spectateurs ne se parlent pas.

✔ Page 9

H Homer et le football. Dorothée et son père ont des goûts très différents en ce qui concerne la télé. Ils en discutent, mais leurs phrases sont très courtes. En utilisant un **pronom relatif** pour les combiner, faites des phrases plus normales.

    Modèle: Tu aimes le sport. Je ne comprendrai jamais cela.
        Tu aimes le sport, ce que je ne comprendrai jamais.

1. LE PÈRE: Tu regardes tout le temps cette série américaine. Cette série s'appelle *Les Simpson.*

   Tu regardes tout le temps cette série américaine que s'appelle les Simpson

2. DOROTHÉE: Et toi, tu passes trop de temps à regarder ce sport, le foot. Je trouve ce sport ennuyeux à mourir.

   Tu passes trop de temps à regarder ce sport que je trouve ennuyeux à mourir.

3. LE PÈRE: Mais non! L'équipe de France a joué un match extraordinaire. On se souviendra toujours de ce match.

   L'équipe de France à joué un match extraordinaire qui on se souviendra toujours

4. LE PÈRE: Les joueurs sont des artistes. Tu ne peux pas comprendre cela.

   Le joueurs sont des artistes ce que tu ne peux pas comprendre

5. DOROTHÉE: Oui, tu as raison. Mais Homer Simpson est un homme drôle. J'aime beaucoup sa conception de la vie.

   Homer Simpson est un homme drôle dont j'aime beaucoup

6. DOROTHÉE: Il passe beaucoup de temps dans son salon. Dans ce salon, il s'allonge sur le canapé et regarde la télé.

   Il passe beaucoup de temps dans son salon où il s'allonge sur le canapé et regarde la télé

7. LE PÈRE: Et tu l'admires. C'est difficile à croire!

   Tu l'admires ce qui est difficile à croire

8. DOROTHÉE: Oui, Papa. J'ai des goûts différents des tiens *(from yours)*. Il ne faut pas que tu te moques de cela!

   Il ne faut pas que tu te moques que j'ai des goûts différents des tiens.

✔ Page 9

❚ Des devoirs intéressants.

Un prof de français demande à ses étudiants d'aller voir le film *Le Retour de Martin Guerre* et d'écrire ensuite un petit résumé de l'histoire. David ne peut pas rendre sa rédaction parce qu'il ne comprend pas du tout les **pronoms relatifs!** Aidez-le à finir son devoir.

Le film est basé sur une histoire vraie _____ que _____ s'est passée dans le sud-ouest de la France au XVIᵉ siècle. Martin Guerre, un jeune homme _____ qui _____ on voit au début du film, part un jour sans rien dire à personne. Après bien des années, il réapparaît devant sa famille, à _____ qu _____ il explique qu'il a été soldat pendant ce temps-là. Il y a des membres de la famille _____ qui _____, au début, ne croient pas _____ que _____ cet homme leur raconte. Finalement, ils l'acceptent à cause de tous les détails du passé _____ dont _____ il se souvient. Il reprend « sa » vie avec « sa » femme, avec _____ qui _____ il a deux enfants. _____ Ce qui _____ arrive à la fin du film est très triste. Le vrai Martin revient, et tous les gens abandonnent l'autre homme _____qui_____ leur a dit

tant de mensonges. La femme, _____qui_____ aime sincèrement le faux Martin Guerre, essaie de le

défendre, _____que_____ son vrai mari ne peut pas supporter. Le faux Martin est condamné à mort

et il est pendu devant tout le monde. Je n'oublierai jamais cette scène dans _____laquelle_____ les enfants

regardent la pendaison de leur père.

✔ Page 9

DEVELOPPEMENT

J **Cendrillon.** Vous venez de rencontrer quelqu'un qui ne connaît pas l'histoire de *Cendrillon* et vous
voulez lui faire le résumé de ce conte de fées. Complétez les phrases suivantes en vous servant des **pronoms relatifs**
appropriés. Essayez d'employer une variété de pronoms.

1. Cendrillon est une jeune fille _qui a des cheveux très longues_
   _____.

2. Elle habite dans un grand château _où elle s'ennuie_
   _____.

3. Sa belle-mère lui fait faire des tâches ménagères _qu'elle fait_
   _____.

4. Ses amis sont les animaux _que_
   _____.

5. Un soir, elle va à un bal _que auquel_
   _____.

6. Sa pantoufle de verre est découverte par le prince _____
   _____.

7. Il cherche partout, et enfin il trouve le pied _____
   _____.

8. *Cendrillon,* c'est aussi un dessin animé _____
   _____.

K **Mon émission préférée.** Décrivez votre émission de télévision préférée en quatre ou cinq phrases.
Donnez des détails précis et essayez d'utiliser au moins trois **propositions relatives** dans votre description. Si vous
ne regardez que rarement la télé, expliquez pourquoi.

_____

_____

_____

_____

_____

_____

_____

_____

_____

_____

_____

Expression

A A quel film pensez-vous? Choisissez un film que vous avez vu récemment et dont vous voudriez résumer l'intrigue. Afin de vous aider à organiser vos idées, répondez d'abord aux questions suivantes.

1. Quel est le titre du film? _____

2. Quel genre de film est-ce? _____

3. Qui sont les acteurs principaux (actrices principales)? _____

_____

4. Quelle est l'histoire? (Expliquez en quatre ou cinq phrases ce qui se passe dans le film.)

_____

_____

_____

_____

_____

_____

5. Comment est le jeu *(acting)* des acteurs (actrices)?

_____

6. S'il y a des effets spéciaux, comment sont-ils?

_____

7. Comment est la musique?

_____

8. Quelle est votre opinion de ce film?

_____

_____

9. Est-ce que vous encourageriez les autres à aller voir ce film? Pourquoi?

_____

_____

Maintenant, en vous aidant de vos notes, résumez ce film en deux ou trois paragraphes.

B La star que vous préférez. Qui est votre vedette de cinéma ou de télévision favorite et pourquoi? Afin de bien convaincre votre lecteur (lectrice) que vous avez de très bonnes raisons de l'admirer, expliquez en détail ce que vous savez de cette personne. Par exemple:

1. Qui est cette personne?

_____

2. Comment est-elle physiquement?

_____

3. Que fait-elle?

_____

4. Quand, et pourquoi, avez-vous commencé à l'admirer?

_____

_____

5. Pourquoi, à votre avis, cette personne est-elle meilleure que les autres vedettes?

_____

_____

Maintenant, écrivez un paragraphe basé sur vos réponses.

C Améliorer la télé-réalité? On vous demande de créer une émission de télé-réalité qui sera bien meilleure que celles qui passent en ce moment à la télévision. Que faites-vous? Où se passe l'action? Qui sont les participants? Quel est le titre? Décrivez cette émission telle que vous l'imaginez. Vous deviendrez célèbre si elle est originale et intéressante!

Vidéo: Regardez-vous la télé?

I AVANT DE VISIONNER

A Aimez-vous regarder la télé? Si oui, dites ce que vous aimez regarder, et à peu près combien d'heures vous passez devant la télé chaque semaine. (Si vous n'aimez pas regarder la télé, parlez de quelqu'un que vous connaissez qui passe du temps devant la télé.)

_____

_____

_____

B Si vous deviez choisir entre le cinéma et la télé comme un passe-temps agréable, lequel choisiriez-vous, et pourquoi?

_____

_____

_____

C Pensez-vous que les émissions à la télévision dans votre pays sont trop influencées par celles d'un autre (d'autres) pays? Expliquez.

_____

_____

_____

II EN VISIONNANT

Rendez-vous sur le site web de ***Sur le vif*** pour regardez la vidéo.

A Est-ce que la personne qui répond à la question « Regardez-vous la télévision et quelles émissions »? donne une réponse plutôt positive ou négative? Expliquez.

_____

_____

_____

B Quand cette personne regarde la télé, quel genre d'émission préfère-t-elle?

_____

C Résumez en trois à quatre phrases l'attitude de cette personne interviewée envers les séries américaines.

_____

_____

_____

_____

_____

III APRÈS AVOIR VISIONNÉ

La personne interviewée parle de la disparition de la culture. Comment la grande diffusion des séries américaines à la télé française peut-elle contribuer à cette disparition? Mettez aux moins trois exemples précis dans votre réponse.

_____

_____

_____

_____

_____

_____

_____

_____

_____

_____

_____

_____

_____

_____

_____

_____

_____

_____

_____

_____

« T'étais pas né »

🌐 **www.cengagebrain.com/login**

A **Technologies en évolution.** Dans cette chanson qui est sortie en 2009, Frasiak parle des nouvelles technologies et des réseaux sociaux qui n'existaient pas quand il avait l'âge de son fils. Depuis 2009, ce monde virtuel a continué à évoluer. Faites une liste des technologies et des réseaux mentionnés dans la chanson qui ont disparu ou qui sont considérés datés à l'heure actuelle.

_____

_____

_____

_____

_____

B **Une nouvelle génération.** Quels sont les nouvelles technologies, réseaux, et autres façons de communiquer qu'on pourrait inclure dans cette chanson pour qu'elle parle plus spécifiquement à votre propre génération? Mentionnez au moins cinq éléments, et pour chacun donnez une définition ou une explication. [*Notez bien: Cherchez sur Internet comment les technologies, etc., s'appellent en français. Si vous ne pouvez pas trouver cette information, indiquez « l'élément » en anglais, mais écrivez vos définitions/explications en français!*]

_____

_____

_____

_____

_____

_____

_____

_____

_____

C **Tu peux m'expliquer?** Mettez-vous à la place du fils, et posez cinq questions au père sur les mots et les références dans la chanson que vous ne comprenez pas. Variez vos questions (révisez le Chapitre 2!), et n'oubliez pas qu'il s'agit d'une conversation, donc soyez créatif.

_____

_____

_____

_____

_____

_____

_____

D **La réaction du fils.** Imaginez maintenant que le fils n'est pas d'accord avec le père. Ecrivez l'argument du fils pour ne pas se « déconnecter ». Comment, selon lui, la technologie et les réseaux sociaux améliorent-ils sa vie?

_____

_____

_____

_____

_____

_____

_____

_____

_____

_____

_____

Chapitre 7

Traditions

🌐 www.cengagebrain.com/login

> ✔ Vérifiez vos réponses *(Student Activities Manual Answer Key and Audio Script)*

Vocabulaire

ENTRAINEMENT

A **Qui est-ce?** Dans la liste de vocabulaire A de votre manuel, trouvez les personnages correspondant aux définitions suivantes. <u>Mettez l'article défini.</u>

1. fils d'un roi ou d'une reine, membre d'une famille royale _____

2. être fabuleux, de taille colossale _____

3. créature mythique qui ressemble à un cheval

   et qui a une longue corne _____

4. personne d'une taille anormalement petite _____

5. reptile imaginaire qui crache du feu _____

6. apparition surnaturelle d'un mort _____

7. mort qui selon certaines croyances populaires sort
   de son tombeau pour boire le sang des vivants _____

8. femme imaginaire dotée d'un pouvoir magique _____

9. belle-mère méchante _____

10. personnage principal d'un conte, d'un roman _____

✔ Page 9

B **Imaginons les personnages.** Complétez les phrases avec des mots de la liste de vocabulaire A de votre manuel.

1. Blanche-Neige, dont la _____ veut qu'elle meure, habite avec les sept

   _____ dans une forêt. Après avoir mangé une pomme empoisonnée, elle meurt, mais un

   beau _____ la délivre avec un baiser.

2. Jacques reçoit des fèves *(beans)* magiques quand il vend sa vache. Il monte sur les plantes qu'elles produisent et il

   arrive au royaume d'un _____ et de sa femme. Ce sont des _____

   qui aiment manger les enfants.

3. Pour se faire peur le soir, dans les colonies de vacances, les enfants se racontent des histoires de

_____ (qui boivent du sang), de _____ (les hommes qui se

transforment à la pleine lune) et de _____ (les morts qui reviennent hanter les vivants).

✔ Page 9

C Les contes: définitions. Dans la liste de vocabulaire B de votre manuel, trouvez les mots qui correspondent aux définitions suivantes. Mettez l'article défini devant les noms.

1. ce qui est extraordinaire, inexplicable   _____

2. rêve pénible, angoissant, effrayant   _____

3. ce qui est bon   _____

4. enchantement magique   _____

5. mettre sous le pouvoir d'un sortilège   _____

6. avoir peur   _____

7. faire cesser un enchantement   _____

8. former des projets irréalisables   _____

✔ Page 9

DEVELOPPEMENT

D Comment sont-ils? Dans un conte de fées, les personnages sont souvent stéréotypés. Décrivez la façon dont on présente typiquement les personnages suivants.

Modèle: la sorcière
Elle est vieille, petite, laide. Elle a les cheveux noirs et un grand nez.

1. le chevalier _____

_____

2. le diable _____

_____

3. la bonne fée _____

_____

4. la demoiselle _____

_____

5. le lutin _____

_____

E La peur et le plaisir. Quels sont les éléments des contes de fées qui font peur aux enfants? Qu'est-ce qui leur plaît? Ecrivez un paragraphe de quatre ou cinq phrases pour expliquer pourquoi les enfants aiment les contes de fées.

_____

_____

_____

_____

_____

_____

_____

_____

_____

_____

_____

Structures

I VERB REVIEW

A Voir, c'est croire. Complétez le passage avec **le présent, l'imparfait, le passé composé** ou **le futur** du verbe **croire**, selon le cas.

croyais

Quand j'étais petit, je ____croyais____ aux fantômes. Mon frère, à l'âge de 4 ans, avait

toujours peur la nuit parce qu'il ____croyait____ qu'il y avait un monstre sous son lit..

Nous ____croyions____ au Père Noël jusqu'à sept ans. Evidemment, maintenant, nous n'y

____croyons____ plus. Quand j'aurai des enfants, ils ____croiraient____ au Père Noël et à la

petite souris *(mouse)* qui laisse des cadeaux pour les enfants qui perdent une dent. Je ____crois____

qu'un peu de fantaisie fait du bien.

   Et vous? ____croyez____ -vous ce que vous voyez à la télévision? Il y a des gens qui

____croient____ ce qu'ils lisent dans un journal sérieux mais qui se méfient des informations des

journaux vendus à la caisse du supermarché.

✔ Page 10

II WHAT IS THE SUBJUNCTIVE? / III FORMATION OF THE SUBJUNCTIVE

ENTRAINEMENT

B Une princesse exigeante (*demanding*). Une princesse parle à un jeune homme qui voudrait l'épouser. Mettez les verbes entre parenthèses au **subjonctif présent.**

Pour contenter mon père, je veux que vous ____alliez____ (aller) chercher la plus jolie fleur du

monde dans la forêt magique. Il faut qu'elle ____soit____ (être) parfaite et surtout qu'elle n'

____aie____ (avoir) pas d'épines *(thorns)*. Je doute que vous ____puissiez____ (pouvoir) en trouver une, mais il est important que vous ___*fassiez*___ (faire) un gros effort pour moi. Il est

possible qu'une vieille sorcière vous ___*aidiez*___ (aider), si vous avez de la chance. Il est essentiel

que je vous ___*dise*___ (dire) mes vrais sentiments: je vous aime de tout mon cœur. Il vaut

mieux que nous ___*nous embrassions*___ (s'embrasser) avant que vous ___*partiez*___ (partir)

parce que je ne sais pas quand vous reviendrez.

✔ Page 10

C Le jeune homme lui répond. Mettez les verbes entre parenthèses au **subjonctif présent**.

Je suis content que vous m' ___*aimiez*___ (aimer), mais j'ai peur que votre père

___*veuille*___ (vouloir) vous donner en mariage à un autre homme pendant mon absence. Alors,

j'insiste pour que vous ___*refusiez*___ (refuser) de quitter votre chambre avant mon retour. Il est

important que nous ___*soyions*___ (être) fidèles l'un à l'autre. Mais nous pourrions faire autre

chose. Je préférerais que nous ___*allions*___ (aller) chercher cette fleur ensemble. Il se peut que

votre père nous ___*poursuivions*___ (poursuivre), mais il ne nous trouvera jamais.

✔ Page 10

D Et après? Le père de la demoiselle est bien plus gentil que le jeune couple ne croyait. Voici ses réactions à leur retour. Mettez les verbes entre parenthèses au **subjonctif passé**.

Je suis triste que vous ___*soyiez partis*___ (partir) sans nous le dire. Ma femme et moi, nous sommes

désolés que notre fille ___*ne nous ait dit*___ (ne pas nous dire) qu'elle vous

aimait. Mais nous sommes contents que vous ___*ayez décidé*___ (décider) de revenir et que vous nous

___*ayons expliqué*___ (expliquer) la raison de votre départ. Finalement, il est

important que notre fille ___*ait trouvé*___ (trouver) l'homme de ses rêves.

✔ Page 10

DEVELOPPEMENT

E Mais non! Quelle est votre réaction aux phrases suivantes? Utilisez une expression qui doit être suivie du subjonctif dans votre réponse. Utilisez au moins quatre expressions différentes.

Modèle: Une princesse est toujours belle.
Je ne crois pas qu'une princesse soit toujours belle.

1. Les contes de fées sont dangereux pour les enfants.
   Il est possible que les contes de fées soient dangereux

2. Les dragons font rire les enfants.
   Il est douteux que les dragons fassent rire les enfants

3. Il y a toujours des monstres dans les contes de fées.
   ptoujours
   Ce n'est pas évident qu'il y ait des monstres

4. On peut facilement tuer les vampires.

Il est impossible qu'on puisse tuer les vampires

5. On voit des spectres pendant la journée.

Je ne pense pas qu'on voie des spectres

F **Ils vécurent heureux et eurent beaucoup d'enfants.** Que pensez-vous de cette fin traditionnelle des contes de fées en français? Est-ce que vivre heureux et avoir beaucoup d'enfants est le but *(goal)* d'un couple moderne? Finissez les phrases pour donner votre opinion.

1. Je suis étonné(e) que *le but soit toujours d'avoir beaucoup d'enfants*

2. Il n'est pas essentiel que *ils restent ensemble toute la vie.*

3. Je doute que *les histoires soient une réflexion de la réalité*

4. Il vaut mieux que *on doive prendre notre décisions tout-seul*

5. J'aime mieux que *il y ait des contés de fées qui a un f mauvais fin*

IV USAGE OF THE SUBJUNCTIVE

ENTRAINEMENT

G **Qu'est-ce qui suit?** Dans la fable *La Grenouille qui veut se faire aussi grosse que le bœuf,* La Fontaine raconte l'histoire d'une grenouille qui admire un bœuf et voudrait se faire aussi grosse que lui. Ses efforts finissent mal et elle meurt! Pour chacune des phrases suivantes, indiquez si le verbe dans la proposition subordonnée doit être à l'**infinitif**, à l'**indicatif** ou au **subjonctif**. (**Attention à la présence ou l'absence de « que ».**)

	Infinitif	Indicatif	Subjonctif
1. La grenouille veut	_____	_____	_____
2. Le bœuf croit	_____	_____	_____
3. Il est impossible que	_____	_____	_____
4. Elle insiste pour que	_____	_____	_____
5. Il est ridicule de	_____	_____	_____
6. Le bœuf a peur que	_____	_____	_____
7. Il est important de	_____	_____	_____
8. Je ne crois pas que	_____	_____	_____
9. Il est probable que	_____	_____	_____
10. J'espère que	_____	_____	_____

✔ Page 10

Nom _____ Date _____

H **Enfants et parents.** Complétez le texte en mettant le verbe entre parenthèses à l'**infinitif,** au **présent de l'indicatif** ou au **présent du subjonctif,** selon le cas.

Les enfants ____aime____ (aimer) bien ____écouter____ (écouter) des

contes de fées, quoiqu'ils en ____aient____ (avoir) quelquefois peur. Le soir, avant de

____se coucher____ (se coucher), ils ____demandent____ (demander) à leurs parents de

leur ____lire____ (lire) leur livre favori. Souvent, ils ____veulent____ (vouloir)

que leur père ou leur mère ____relise____ (relire) la même histoire plusieurs fois bien qu'ils la

____savent____ (savoir) par cœur. Il se ____peut____ (pouvoir) que le parent

____s'ennuie____ (s'ennuyer) à devoir la ____répéter____ (répéter) tous les soirs, mais les

enfants ____insistent____ (insister) pour qu'il le ____fasse____ (faire). Comme le parent

____préfère____ (préférer) que ses enfants ____s'endorme____ (s'endormir) vite, il leur

____obéit____ (obéir).

✔ Page 10

I **Cendrillon.** Vous connaissez certainement l'histoire de *Cendrillon,* la belle jeune fille qui avait perdu sa pantoufle au bal. Voici une version de son histoire. Mettez les verbes entre parenthèses aux temps (l'histoire est racontée **au passé**) et aux modes (**indicatif** ou **subjonctif présent** ou **passé**) convenables.

Il ____était____ (être) une fois une demoiselle qui ____vivait____ (vivre)

près d'un énorme château. Sa marâtre ____veut____ (vouloir) que sa belle-fille, Cendrillon,

____fasse____ (faire) toutes les tâches domestiques.

Un jour, un page ____annonce____ (annoncer) qu'il y ____aurait____ (avoir)

bientôt un bal au château, afin que le prince ____puisse____ (pouvoir) ____choisir____

(choisir) son épouse parmi les invitées. La demoiselle ____n'était pas____ (ne pas être) contente

qu'on ____invite____ (inviter) ses belles-sœurs au bal et qu'elle ____devrait____

(devoir) rester à la maison. Mais après le départ de ses sœurs, une fée _____ (venir)

pour l'_____ (aider). La bonne fée lui _____ (donner) un

carrosse et une jolie robe pour qu'elle _____ (pouvoir) aller au bal. La demoiselle

_____ (être) très contente d'y _____ (assister).

Cendrillon et le prince _____ (danser) toute la soirée, mais il

_____ (falloir) qu'elle _____ (partir) avant qu'il

_____ (être) minuit.

Le prince, qui _____ (ne pas savoir) le nom de la jolie demoiselle,

_____ (être) heureux qu'elle _____ (laisser) une pantoufle en

partant.

Le prince _____ (chercher) partout la demoiselle, la chaussure en main, parce

qu'il _____ (se promettre) de l'épouser à condition de la _____

(retrouver). Quand il _____ (arriver) chez Cendrillon, elle _____ (essayer) la chaussure qui lui _____ (aller) parfaitement. Ils _____ (se marier) au mois de juin et ils _____ (aller) à Disneyland Paris pour leur lune de miel.

✔ Page 10

DEVELOPPEMENT

J Blanche-Neige. Dans ce conte, une marâtre jalouse parce qu'elle veut être la plus belle femme du royaume, tourmente et essaie de tuer Blanche-Neige. La jeune fille est sauvée par les sept nains, mais ce n'est pas la fin du conte. Réagissez aux phrases suivantes en vous mettant à la place des personnages du conte. Faites les changements nécessaires et variez vos expressions.

> **Modèle:** Je suis la plus belle du monde.
> LE MIROIR: **Il n'est pas vrai que tu sois la plus belle du monde.**
> LA REINE: **Je vais tout faire pour être la plus belle du monde.**

1. Un chasseur doit tuer Blanche-Neige.

LA REINE: _____

LE CHASSEUR: _____

2. Blanche-Neige découvre la maison des nains dans la forêt.

LES NAINS: _____

BLANCHE-NEIGE: _____

3. Elle fait les tâches ménagères pour les nains.

BLANCHE-NEIGE: _____

LES NAINS: _____

4. La reine méchante se déguise en vieille paysanne et lui donne une pomme empoisonnée à manger.

LA REINE: _____

BLANCHE-NEIGE: _____

5. Les nains font un cercueil *(coffin)* de verre pour Blanche-Neige que le prince trouve.

LE PRINCE: _____

BLANCHE-NEIGE: _____

6. La reine meurt d'une crise de jalousie.

BLANCHE-NEIGE: _____

VOUS: _____

K Le Petit Chaperon rouge.
Inspirez-vous de l'histoire du Petit Chaperon rouge pour finir les phrases suivantes, en utilisant **un infinitif** ou **une proposition subordonnée au subjonctif**, selon le cas.

> **Modèles:** Le loup se déguise pour **tromper le Petit Chaperon rouge.**
> Le loup se déguise pour que **le Petit Chaperon rouge ne le reconnaisse pas.**

1. La mère du Petit Chaperon rouge l'envoie chez sa grand-mère afin que _elle doive amener quelque chose_

2. Elle cueille des fleurs avant de _partir pour sa grand-mère_

3. Elle parle au loup bien que _il sait gentil_

4. Le loup court vite chez la grand-mère pour _tuer la grand-mère_

5. La petite parle à sa grand-mère sans _savoir que la grand-mère est le loup_

6. Le bûcheron peut sauver la petite et sa grand-mère à condition que _il tue le loup_

L **La peur.** A l'heure actuelle, les films d'horreur, les histoires de vampires et les romans qui font peur aux lecteurs ont beaucoup de succès. Pourquoi aime-t-on avoir peur? Complétez les phrases suivantes pour exprimer votre opinion à ce sujet.

1. Il est curieux que _beaucoup de gens aient intérêt de voir les films d'horreur_

2. Il est important de / que _n'amélior oublier pas ce n'est pas la réalité_

3. Il est dangereux de _voir les visages dans la réalité_

4. Je ne crois pas que _tout les films d'horreur sont fait pour effrayer_

5. Il y a des psychologues qui pensent que _les gens qui voient les films d'horreur ont un défaut_

Expression

A **Et la suite?** Vous êtes-vous déjà demandé ce qui arrive à Cendrillon après son mariage avec le prince, au Petit Chaperon rouge après la mort du loup, à Boucle d'or après son aventure avec les trois ours? Choisissez un conte de fées que vous connaissez bien et continuez l'histoire. Ecrivez deux paragraphes au passé et n'oubliez pas les expressions de temps (**d'abord, ensuite, puis, enfin,** etc.). (Voir page 46 de ce *Cahier.*)

B **D'un autre point de vue.** Choisissez un conte que vous connaissez bien et racontez-le du point de vue d'un des personnages secondaires, par exemple, la grand-mère (ou le loup) dans *Le Petit Chaperon rouge,* une des belles-sœurs de *Cendrillon,* un des sept nains de *Blanche-Neige,* etc. Avant d'écrire, répondez aux questions sous forme de notes.

1. Qui êtes-vous? Comment êtes-vous physiquement et moralement?

_____

_____

2. Quel est votre rôle dans l'histoire?

_____

_____

3. Quelle est votre réaction face à ce qui se passe? Etes-vous jaloux (jalouse), content(e), fâché(e)?

_____

_____

4. D'après vous, qu'est-ce qui aurait dû arriver?

_____

_____

Maintenant, racontez l'histoire de votre point de vue personnel.

ⓒ Il faut que tout soit différent! Vous êtes sorcier (sorcière) et puisque vous n'êtes pas du tout content(e) du monde tel qu'il est, vous voulez tout changer. Avant d'utiliser vos pouvoirs magiques, vous pensez aux changements que vous allez faire.

Ecrivez deux paragraphes pour expliquer ce que vous voulez changer et comment vous allez changer ces choses. Utilisez des expressions telles que: **il est important de / que, il faut, il vaut mieux, je veux, j'exige, j'insiste pour que, je préfère,** etc.
Avant d'écrire, dites ce qui ne vous plaît pas.

_____

_____

_____

_____

_____

_____

_____

_____

Vidéo: Des souvenirs d'enfance

I AVANT DE VISIONNER

A Notez quelques caractéristiques des fables (personnages, récit, but *[purpose]*)

_____

_____

_____

B En France, les enfants apprennent des fables pendant les premières années à l'école élémentaire (CP, CE1, CE2). Pourquoi, selon vous?

_____

_____

_____

C Comment s'appelle l'auteur des fables les plus connues en France?

II EN VISIONNANT

Rendez-vous sur le site web de **Sur le vif** pour regardez la vidéo.

Des francophones se rappellent les fables qu'ils connaissent depuis leur enfance et ce qui les caractérise.

A Notez deux caractéristiques des fables mentionnées dans la vidéo. Lesquelles sont les mêmes que celles que vous avez notées ci-dessus?

_____

_____

_____

B Les animaux: Encerclez le nom des animaux mentionnés dans la vidéo:

le lion	le lièvre
la cigale	le loup
la tortue	l'éléphant
la fourmi	l'agneau
le corbeau	le chien

Ⅲ APRÈS AVOIR VISIONNÉ

Dans la vidéo, on mentionne surtout deux fables de La Fontaine, « La cigale et la fourmi » et « Le corbeau et le renard ». Ce sont, sans aucun doute, les fables les plus connues de La Fontaine. Allez sur Internet et cherchez soit « La cigale et la fourmi », soit « Le corbeau et le renard ». (Il y a aussi des vidéos de ces fables que vous pourriez regarder.) Lisez celle que vous avez choisie et faites un résumé de l'intrigue et de la morale.

_____

_____

_____

_____

_____

_____

_____

_____

_____

_____

_____

_____

Chapitre 8

En famille

🌐 www.cengagebrain.com/login

✅ Vérifiez vos réponses *(Student Activities Manual Answer Key and Audio Script)*

Vocabulaire

ENTRAINEMENT

A Qui est-ce? Dans les listes A et B de vocabulaire de votre manuel, trouvez les mots qui correspondent aux définitions suivantes. <u>Mettez l'article défini pour les noms.</u>

1. un enfant qui n'a ni frère ni sœur _l'enfant unique_

2. le mari de votre mère, qui n'est pas votre père _le beau-père_

3. une famille dans laquelle il y a beaucoup d'enfants _la famille nombreuse_

4. l'enfant le plus âgé _l'enfant aîné_

5. une femme qui a un enfant mais qui n'est pas mariée _la mère célibataire_

6. la fille qu'un garçon aime et avec laquelle il passe beaucoup de temps _sa copaine_

7. une femme qui ne travaille pas en dehors de la maison _la femme au foyer_

8. une famille dont le père et la mère ne vivent plus ensemble _la famille éclatée_

9. vivre en couple sans être mariés _l'union libre_

10. le plus jeune enfant _l'enfant cadet_

✅ Page 10

B Des synonymes. Dans la liste C de vocabulaire de votre manuel, trouvez un synonyme pour chaque verbe suivant.

1. se donner un baiser _s'embrasser_

2. se vexer _se fâcher_

3. encourager, aider _soutenir_

4. terminer un mariage _divorcer_

5. réprimander _gronder_

6. se quereller _se disputer_

7. se troubler _se marier s'inquiéter_

✅ Page 10

C **Etre indépendant(e).** Dans la liste E de vocabulaire de votre manuel, trouvez les mots ou les expressions convenables pour compléter les phrases.

1. Si vous louez un appartement ou une maison, vous devez payer le ___loyer___.

2. A la fin du mois, on a souvent des ___factures___ à payer: le téléphone, l'électricité, la carte de crédit.

3. Si vous partagez votre appartement avec quelqu'un qui paie une partie du loyer et des charges, vous avez un(e) ___colocataire___.

4. Quand vous vous installez dans votre propre appartement, vous devez vous occuper des ___tâches ménagères___ puisque votre mère ne les fera plus pour vous.

5. Il est utile d'avoir un lave-linge pour ___la lessive___ si vous voulez avoir des vêtements propres.

6. Quand on a un jardin avec de l'herbe, c'est du travail: Il faut généralement ___tondre___ le ___gazon___ une fois par semaine.

7. Quand il y a trop de monde dans une maison ou un appartement, et qu'on laisse toutes les portes ouvertes tout le temps, personne n'a d' ___intimité___.

8. Au lieu de laisser trainer ses affaires par terre ou sur les meubles, on doit ___ranger___ de temps en temps, surtout avant de recevoir des amis.

9. Après avoir fait la lessive, il faut parfois ___repasser___ des chemises ou des chemisiers.

10. Quand on va au supermarché, on fait des ___courses___.

✓ Page 10

DEVELOPPEMENT

D **Des contrastes.** Faites deux listes de cinq expressions ou mots du vocabulaire que vous associez avec (1) une famille heureuse et (2) une famille malheureuse.

1. une famille heureuse

___recomposée___
___s'entend bien___
___se comprendre___
_____
_____

2. une famille malheureuse

___se fâcher___
___gronder___
_____
_____
_____

E **La famille idéale.** Comment est la famille idéale pour vous? En un paragraphe de cinq ou six phrases, décrivez-la en utilisant beaucoup de mots ou d'expressions des listes de vocabulaire.

___J'ai un père qui s'appelle Rob et ma mère Caes. J'ai___
___un frère et une sœur, Milo et Luca.___
_____
_____
_____

Structures

I VERB REVIEW

A Quels changements! Un médecin raconte son histoire. Complétez le paragraphe avec les verbes de la liste au **présent**, à l'**imparfait**, au **passé composé**, au **futur** ou à l'**infinitif**. Faites les changements nécessaires. Vous pouvez utiliser un verbe plus d'une fois.

devenir / obtenir / revenir / soutenir / se souvenir / venir / vivre

Je _____ avec plaisir de mon enfance. Nous _____ dans un petit village où

mon père était instituteur. Mes parents me _____ dans tous mes projets. Je savais que je voulais

_____ dans une grande ville à la fin de mes études et quand je _____

mon diplôme de médecin, je _____ à Bordeaux. J'avais pourtant promis à mes parents de

_____ dans notre village un jour. Quand ma fille _____ médecin, elle a

décidé de retourner au village de mes parents. Elle y _____ depuis cinq ans et ma femme et

moi, nous lui rendons souvent visite. Quand j'aurai pris ma retraite, j'y _____ aussi.

✔ Page 10

II ADVERBS

ENTRAINEMENT

B Trouvez l'adverbe. Ecrivez les adverbes qui correspondent aux adjectifs suivants.

1. récent   _Récemment_
2. bon   _bien_
3. relatif   _Relativement_
4. poli   _poliment_
5. franc   _franchement_
6. heureux   _heureusement_
7. premier   _premièrement_
8. bref   _brièvement_
9. gentil   _gentiment_
10. lent   _lentement_

✔ Page 10

C Trouvez l'adjectif. Ecrivez la forme masculine des adjectifs qui correspondent aux adverbes suivants.

1. violemment — *violent*
2. clairement — *clair*
3. malheureusement — *malheureux*
4. discrètement — *discret*
5. moralement — *morale*
6. mal — *mal*
7. typiquement — *typique*
8. amicalement — *amicale*
9. dernièrement — *dernier*
10. constamment — *constant*

✔ Page 10-11

D Une journée typique. Nicole nous décrit une journée typique chez elle. Dans cette description, comme vous voyez, il n'y a pas d'adverbes. Afin d'améliorer le paragraphe, insérez les **adverbes** de la liste suivante à l'endroit qui convient le mieux. Pour certains adverbes, il y a plusieurs possibilités. La première phrase vous sert de modèle.

d'abord / dur / ensemble / ensuite / gentiment / heureusement / immédiatement / joyeusement / rapidement / souvent / tard / tôt / tous les soirs / parfois

tôt
Tout le monde se lève^chez nous. On se met à table pour un bon petit déjeuner. Ma grand-mère range la cuisine, ma mère s'habille pour aller au bureau et mon père, qui chante à l'opéra, reprend ses exercices de chant. Mon frère offre d'aider ma grand-mère, tandis que moi, je pars à la fac. Tout le monde travaille pendant la journée, et mon frère, ma mère et moi, nous rentrons le soir pour le dîner. Mon père ne rentre pas avant minuit. Ma grand-mère adore faire la cuisine; un délicieux dîner nous attend. Bien que mon frère et moi soyons adultes, nous sommes contents de vivre avec nos parents.

✔ Page 11

DEVELOPPEMENT

E Comment faites-vous cela? Ecrivez des phrases en utilisant les éléments donnés et en ajoutant des **adverbes** variés pour donner quelques précisions.

Modèle: me lever le matin
Je me lève tôt le matin.

1. m'entendre avec ma famille _____

2. passer du temps avec mes grands-parents _____

3. ranger ma chambre ou mon appartement _____

4. soutenir mes amis _____

5. payer mes factures _____

F **Des rapports difficiles.** Décrivez, en quatre ou cinq phrases, les rapports dans une famille éclatée. Utilisez beaucoup d'adverbes pour modifier les verbes et les adjectifs.

> **Modèle: On crie beaucoup. On se téléphone rarement.**

_____

_____

_____

_____

_____

_____

_____

_____

_____

_____

_____

III COMPARISON OF ADVERBS

ENTRAINEMENT

G **Ils sont comme ça.** Un jeune Québécois compare les membres de sa famille. Formez des **phrases comparatives** à l'aide des éléments indiqués. Faites les changements nécessaires.

1. Ma mère / danser / (+) rarement / ma sœur

_____

2. Mes parents / regarder / (–) souvent / la télé / mes frères

_____

3. Je / parler anglais / (+) bien / mon père

_____

4. Nous / se disputer / (–) fréquemment maintenant / autrefois

_____

5. Mon père / jouer de la guitare / (=) bien / moi

_____

✔ Page 11

H **Ils sont bizarres?** Tous les membres de votre famille sont exceptionnels. En utilisant les éléments donnés, écrivez des phrases superlatives. Faites les changements nécessaires.

> **Modèle: dans ma famille, ma grand-mère / faire du jogging / (+) lentement**
> **Dans ma famille, ma grand-mère fait du jogging le plus lentement.**

1. Dans ma famille, mon cousin / conduire / (+) mal

_____

2. Et ma tante / parler / (+) fort de nous tous

_____

3. C'est mon oncle qui / tondre le gazon / (–) souvent

_____

4. Et mon grand-père / s'occuper / (+) bien / de ses petits-enfants

_____

5. Parmi les jeunes, je / se coucher / (–) tard

_____

✔ Page 11

DEVELOPPEMENT

I Chez vous? Choisissez un membre de votre famille à qui vous voulez vous comparer. Comparez votre façon de faire les choses indiquées ci-dessous en employant des **adverbes** variés.

> **Modèle:** faire du ski
> La personne à qui vous vous comparez: **mon mari**
> **Mon mari fait du ski mieux que moi.**

La personne à qui vous vous comparez: _____

1. faire la cuisine _____

2. parler français _____

3. jouer du piano _____

4. travailler _____

5. se fâcher _____

J Qui le fait le mieux? Certains de vos amis ou des membres de votre famille ont sans doute un talent qui le distingue des autres. Décrivez ces personnes et ces talents en quatre ou cinq phrases, en utilisant des adverbes variés au superlatif.

> **Modèle: Mon fils travaille le mieux avec les ordinateurs, mais mon mari fait le plus souvent du sport.**

_____

_____

_____

_____

_____

_____

 IV COMPARISON OF NOUNS

ENTRAINEMENT

K C'est vrai? En utilisant les éléments donnés, écrivez des questions pour comparer les mères et les pères, les enfants et les parents. Faites les changements nécessaires.

1. Est-ce que / les mères / avoir / (+) patience / les pères

    _____?

2. Est-ce que / les pères / dépenser / (–) argent / leurs enfants

    _____?

3. Est-ce que / les enfants / acheter / (=) vêtements / leurs parents

    _____?

4. Est-ce que / les filles / passer / (+) temps / dans la salle de bains / leurs frères

    _____?

5. Est-ce que / les femmes au foyer / boire / (=) café / les femmes qui travaillent en dehors de la maison

    _____?

✔ Page 11

L C'est admirable? Un ami décrit sa famille en exagérant. Faites des phrases avec les éléments donnés en utilisant le superlatif (**le plus / le moins**) des noms.

   Modèle: nous / avoir / (+) téléviseurs
   Nous avons le plus de téléviseurs.

1. Ma sœur / avoir / (+) accidents de voiture

    _____

2. Mon père / recevoir / (+) amendes pour excès de vitesse

    _____

3. Ma mère / faire / (–) sport

    _____

4. Mon grand-père / fumer / (+) cigarettes

    _____

5. Nous / lire / (–) livres

    _____

✔ Page 11

DEVELOPPEMENT

M **La famille nombreuse.** Ecrivez un petit paragraphe dans lequel vous comparez une famille nombreuse à une famille qui n'a qu'un seul enfant. Parlez, par exemple, des enfants, des chambres dans la maison, du bruit à la maison, des disputes, de la vaisselle à faire, de l'argent, du temps libre, etc.

_____

_____

_____

_____

_____

_____

_____

V DEMONSTRATIVE PRONOUNS

ENTRAINEMENT

N **Le dimanche.** Une amie vient de passer une année en France où elle a vécu dans une famille française. Elle vous décrit une coutume française. Remplissez chaque blanc avec le **pronom démonstratif** convenable.

De toutes les réunions de famille en France, ce sont _____ du

dimanche qui sont les plus communes. Le dimanche est la journée la plus calme de la semaine, c'est

_____ qui permet à tout le monde de se retrouver autour de la table. Le

repas du dimanche est _____ où tous les cousins et cousines discutent et

s'amusent. Typiquement, les hommes sont _____ qui servent l'apéro et le

vin et les femmes sont _____ qui passent beaucoup de temps à la cuisine.

_____ qui ont le moins de travail sont les enfants. La réunion de famille du

dimanche est une coutume bien agréable en France. C'est _____ qui m'a le plus

touchée pendant mon séjour.

✔ Page 11

O **La famille recomposée.** Ces phrases décrivent, de manière exagérée, une famille recomposée. Remplissez chaque blanc avec le **pronom démonstratif** convenable.

1. Sa mère actuelle est plus sympa que _____ d'il y a cinq ans.

2. Son père préfère les enfants de sa deuxième femme à _____ de sa troisième femme.

3. Le chien de sa première femme ne s'entend pas avec _____ de sa nouvelle femme.

4. Les enfants téléphonent plus souvent à leur grand-mère du premier mariage qu'à _____ du second.

5. Ce mariage réussit mieux que _____ de mes parents.

✔ Page 11

DEVELOPPEMENT

P **Votre propre expérience.** Complétez chacune des phrases suivantes de façon personnelle. Employez le **pronom démonstratif** qui convient et faites attention aux pronoms relatifs et aux prépositions.

> **Modèle:** De toutes mes tantes, je préfère **celle qui habite en Martinique parce qu'elle m'invite souvent à lui rendre visite.**

1. De tous mes cousins, je connais le mieux _____

_____.

2. De tous les voyages que j'ai faits avec mes parents, je me souviens toujours de _____

_____.

3. De toutes les tâches ménagères que je devais faire à la maison, j'aimais le moins _____

_____.

4. De tous mes anniversaires, je n'oublierai jamais _____

_____.

5. Quand je pense aux expériences de mon enfance, la plus difficile était _____

_____.

Expression

A **La photo.** Choisissez une photo de famille (ou choisissez une photo dans un magazine). Décrivez les personnes et expliquez (ou imaginez) leurs rapports en deux ou trois paragraphes. (Voir le début du texte de Simone de Beauvoir, *Sur le vif,* page 121). Prenez quelques notes pour préparer votre description.

1. les personnes sur la photo _____

_____

2. leurs rapports _____

_____

3. leur histoire _____

_____

B **Un moment décisif.** Vous souvenez-vous d'un moment particulièrement important dans vos rapports avec vos parents (voir la deuxième partie du texte de Simone de Beauvoir, *Sur le vif,* page 122)? Racontez cet épisode de votre enfance ou de votre jeunesse. Si vous ne vous souvenez pas d'un tel moment, vous pouvez en inventer un. Avant d'écrire, prenez quelques notes.

1. Qu'est-ce qui s'est passé? _____

_____

2. Quand cela s'est-il passé? _____

3. Où? _____

4. Avec qui? _____

5. Quelles ont été les réactions des personnes? _____

_____

6. Pourquoi est-ce vous vous en souvenez toujours? _____

_____

C **Le journal intime.** Vous venez de vous installer dans votre nouvel appartement et vous êtes très content(e) d'avoir enfin votre indépendance. Dans votre journal intime, décrivez en deux paragraphes une journée typique de votre nouvelle vie.

Avant d'écrire, faites deux listes.

1. ce que vous pouvez faire maintenant

2. ce que vous devez faire maintenant

_____   _____

_____   _____

_____   _____

_____   _____

_____   _____

_____   _____

Maintenant, décrivez une journée typique.

Vidéo: La famille

I AVANT DE VISIONNER

A En trois ou quatre phrases, décrivez votre propre famille (y compris les frères et les sœurs).

_____

_____

_____

_____

B Comparez la famille moderne et la famille traditionnelle en trois ou quatre phrases. Combien d'enfants y a-t-il, d'habitude? Quels sont les rôles des époux (le mari et la femme)?

_____

_____

_____

_____

_____

II EN VISIONNANT

🌐 Rendez-vous sur le site web de *Sur le vif* pour regardez la vidéo.

A Ajoutez un détail que vous entendez pour chaque famille décrite.

Celle de quatre enfants: _____

Celle où la grande sœur est dentiste: _____

Celle dans laquelle il y a des demi-sœurs: _____

Celle où le fils habite un appartement au dessus de celui de ses parents: _____

_____

Celle qui est en Mauritanie: _____

B Qu'est-ce qui caractérise la famille moderne, selon les personnes interviewées? Mentionnez au moins deux éléments. Est-ce que leurs idées ressemblent aux vôtres? Soyez précis.

_____

_____

_____

_____

_____

C La dernière personne interviewée donne cette définition: « Une famille qui bouge, qui fait des choses, ce serait ça ma définition de la famille moderne ». Qu'est-ce que cela veut dire, selon vous? Donnez des exemples.

_____

_____

_____

_____

III APRÈS AVOIR VISIONNÉ

Malgré un taux de divorce assez élevé (en 2011, 44,7% des mariages en France finissent en divorce selon www.planetoscope.com) on continue à se marier ou se pacser. Selon vous, pour quelles raisons se marie-t-on? Quels sont les avantages du mariage pour un individu? pour la société? Et quels en sont les inconvénients?

_____

_____

_____

_____

_____

_____

_____

_____

_____

_____

_____

_____

_____

_____

_____

_____

Chapitre 9

Sans frontières

🌐 **www.cengagebrain.com/login**

> ✅ Vérifiez vos réponses *(Student Activities Manual Answer Key and Audio Script)*

Vocabulaire

ENTRAINEMENT

A **Définitions.** Trouvez les mots de vocabulaire du Chapitre 9 de votre manuel qui correspondent aux définitions suivantes. Mettez l'article défini pour les noms.

1. le commerce assurant un revenu correct à des producteurs des pays du sud pour qu'ils puissent développer leur activité à long terme _____

2. le phénomène d'augmentation de la température moyenne des océans et de l'atmosphère, à l'échelle mondiale et sur plusieurs années _____

3. séparer pour grouper et répartir _____

4. faire un nouvel usage des choses _____

5. les effets sur la terre laissés par les hommes et leurs activités. _____

6. terme qui regroupe les diverses formes de vie sur terre, tant humaine, qu'animale et végétale
   _____

7. un voyage responsable dans des environnements naturels où les ressources et le bien-être des populations sont préservés _____

8. huile minérale d'origine organique, composée d'un mélange d'hydrocarbures
   _____

9. forme de carburant de substitution produit à partir de matériaux organiques non-fossiles et renouvelables
   _____

10. rendre malsain *(unhealthy)* ou impropre à la vie _____

✅ Page 11

B **De quoi parle-t-on?** Dans les listes de vocabulaire de votre manuel, trouvez les mots appropriés pour compléter les phrases suivantes.

1. Une entreprise qui veut baisser le prix de ses marchandises _____ parfois la production.

2. Quand une personne est persécutée dans son pays à cause de ses opinions ou activités politiques, elle peut demander _____ dans un autre pays.

3. Heureusement, beaucoup de jeunes Américains veulent aider ceux qui sont malheureux et travaillent comme _____ dans des pays du tiers monde et dans leur propre pays quand il y a des catastrophes naturelles.

4. Dans la plupart des pays, seuls les _____ ont le droit de vote.

5. Certains militants s'opposent à _____ et disent qu'elle contribue à la pauvreté tandis que d'autres la trouvent essentielle pour le développement de l'économie mondiale.

6. Une mère qui ne veut pas avoir des pesticides dans ce que ses enfants mangent, choisit surtout des _____ au supermarché.

7. Pour avoir des légumes et des fruits très frais, il vaut mieux faire ses courses au _____ où on trouve des produits de sa région.

8. Ces jours-ci la plupart des scientifiques disent que le _____ est en partie causé par les activités humaines, surtout les transports.

9. En France la plupart de l'électricité est produite par des _____ .

10. Si la _____ fond, on croit que le niveau de la mer montera.

✔ Page 11

DEVELOPPEMENT

C Le problème le plus grave. Quel est, selon vous, le problème qui menace le plus l'environnement? Proposez cinq solutions pour éliminer ou ralentir ce problème.

_____

_____

_____

_____

_____

_____

D Que font-ils? En utilisant autant de mots des listes de vocabulaire de votre manuel que possible, expliquez ce que font les personnes suivantes.

Modèle: Un bénévole **travaille pour une ONG dans le tiers-monde.**

1. Une famille écolo _____

_____

2. Des militants _____

_____

3. Un réfugié _____

_____

4. Une citoyenne _____

_____

Structures

I VERB REVIEW

A Comment faire? Complétez le paragraphe en mettant le verbe **atteindre** aux temps qui conviennent.

Réduire la pollution et arrêter le réchauffement climatique sont des buts admirables mais ils ne sont pas faciles

à _____. Quand nous arriverons à dépendre des transports en commun

ou du vélo plutôt que de la voiture pour nos déplacements, nous _____

peut-être un premier objectif: celui qui consiste à diminuer les gaz à effet de serre. Mais

_____-nous d'autres buts? Ce n'est pas impossible! Ces dernières années, nous

_____ un taux de recyclage auquel on ne s'attendait pas, alors il y a de l'espoir.

Vous et moi _____ de nouveaux sommets si nous nous fixons de véritables

objectifs. Alors visons haut!

✔ Page 12

III REQUESTING INFORMATION

ENTRAINEMENT

B Les Casques bleus. Vous lisez une partie d'une interview d'un officier des Casques bleus (les forces de maintien de la paix de l'ONU). Malheureusement, l'ordinateur a effacé toutes les questions, il est donc difficile de comprendre les réponses. Trouvez les questions. Attention: Un journaliste ne pose pas de question qui a pour réponse « oui » ou « non ».

1. LE JOURNALISTE: _____

   L'OFFICIER: Nous sommes dans ce pays depuis six mois.

2. LE JOURNALISTE: _____

   L'OFFICIER: C'est l'ONU qui nous a envoyés ici.

3. LE JOURNALISTE: _____

   L'OFFICIER: Mes soldats viennent de Suède.

4. LE JOURNALISTE: _____

   L'OFFICIER: Il y a 1500 soldats en tout.

5. LE JOURNALISTE: _____

   L'OFFICIER: Loger tous les réfugiés pose de gros problèmes.

6. LE JOURNALISTE: _____

   L'OFFICIER: Nous ne pouvons pas partir parce que la guerre civile continue.

7. LE JOURNALISTE: _____

   L'OFFICIER: La solution? Diviser le pays en deux.

8. LE JOURNALISTE: _____

L'OFFICIER: Cet accord sera difficile, mais on ne doit plus hésiter.

9. LE JOURNALISTE: _____

L'OFFICIER: Les diplomates doivent résoudre ces problèmes, pas les soldats.

✔ Page 12

DEVELOPPEMENT

C Un départ difficile. Vous venez d'annoncer à votre famille que vous avez décidé de vous installer sur une plantation de café au Cameroun et y travailler pendant un an. Ils ne sont pas ravis de votre décision et ils vous posent beaucoup de questions. Ecrivez une question différente (et logique) pour chaque membre de la famille. Attention: Personne ne vous pose de question qui a pour réponse « oui » ou « non ».

1. votre père _____

_____

2. votre mère _____

_____

3. votre grand-mère _____

_____

4. votre grand-père _____

_____

5. votre frère cadet _____

_____

6. votre sœur aînée _____

_____

7. votre beau-frère _____

_____

8. votre neveu de 5 ans _____

_____

Ⅳ HYPOTHESIZING

ENTRAINEMENT

D Des rêves. Mettez les verbes entre parenthèses à la forme du **conditionnel** (**présent** ou **passé**) qui convient.

1. Si nous n'avions pas d'armes, nous _____ (avoir) moins de violence.

2. Le gouvernement _____ (pouvoir) aider les pays en voie de développement s'il ne dépensait pas tant pour des bombes.

3. Si nous avions commencé à recycler il y a cinquante ans, nous _____
(gaspiller) moins de ressources naturelles.

4. Si les Israéliens et les Palestiniens vivaient en paix, les autres pays du Moyen-Orient
_____ (signer) aussi des traités.

5. Nous _____ (se mettre) d'accord plus vite sur le traité au Viêt Nam si nous
avions compris que nous ne gagnerions pas la guerre.

6. Les frontières en Amérique du Nord _____ (disparaître) s'il n'y avait plus de
grandes différences économiques entre nos pays.

7. Si Nixon n'était pas allé en Chine, le commerce _____ (se développer) plus
lentement avec ce pays.

8. Si tu étais président(e), tu _____ (changer) tout.

9. Et moi, je _____ (être) pacifiste si j'étais plus idéaliste.

✔ Page 12

DEVELOPPEMENT

E **Et si elle/s'il était président(e)?** Comment serait notre pays (et le monde) si une personne de
votre choix était président(e)? Qu'est-ce qui serait différent? Qu'est-ce qui ne changerait pas? Choisissez d'abord la
personne, puis imaginez et décrivez la situation, en un paragraphe de cinq ou six phrases au **conditionnel.**

la personne: _____

_____

_____

_____

_____

_____

_____

Ⓥ DESCRIBING

ENTRAINEMENT

F **Le citoyen du monde.** Complétez les descriptions en mettant **le nom** et **l'adjectif** entre parenthèses
à la forme et à la place qui conviennent. Faites les changements nécessaires.

On pourrait dire que Taïeb représente le _____ (citoyen /

nouveau) du _____ (monde / actuel). Ses parents ont quitté leur

_____ (pays / ancien). Sa _____

(mère / russe) et son _____ (père / marocain) l'ont envoyé à

_____ (l'école / français), puis il a décidé de faire des études

de _____ (lettres / moderne) en France. Après deux ans

d'études à la fac à Montpellier, il est parti pour les Etats-Unis où il a trouvé un poste d'assistant dans une

_____ (université / grand / public) du sud-est. La plupart de

_____ (étudiants / jeune / américain) étaient sympathiques. Il a trouvé l'

_____ (expérience / intéressant) et il s'est inscrit en maîtrise. C'est là qu'il

a connu sa _____ (copine / grec). Finalement, il a fait son doctorat dans

une _____ (université / privé / prestigieux) et il est devenu

prof en Californie. Quelle est maintenant sa _____ (patrie / vrai)?

✔ Page 12

G **Les papiers.** Un étranger a parfois du mal à savoir quels papiers il lui faut s'il veut rester en France. Pour l'aider à mieux comprendre, combinez les deux phrases en utilisant un **pronom relatif.**

1. Vous avez besoin d'un visa. Il est valable pendant trois ans.

_____

2. Il vous faut aussi une carte de séjour. Vous irez chercher cette carte à la préfecture.

_____

3. Pour avoir cette carte, vous devez faire la queue. Cela est embêtant.

_____

4. Avez-vous tous les documents? Vous aurez besoin de ces documents.

_____

5. Les fonctionnaires ne seront pas toujours très sympathiques. Vous parlerez à des fonctionnaires.

_____

✔ Page 12

H **L'asile.** Un réfugié politique explique ses problèmes. Placez **les adverbes** de la liste suivante à l'endroit qui convient le mieux.

bientôt / d'abord / dur / énormément / ensuite / heureusement / maintenant / récemment / vite

J'ai quitté mon pays pour demander l'asile en France. On me l'a refusé. On me l'a accordé mais ça n'a pas été facile.

Trouver du travail m'a préoccupé, mais j'ai un patron qui a compris que j'acceptais de travailler. Ma famille viendra

me rejoindre.

✔ Page 12

I **La situation des immigrés.** Faites des phrases comparatives en utilisant les éléments donnés.

1. Les immigrés / avoir / (+) problèmes / à trouver du travail / les Américains

_____

2. Ceux qui parlent anglais / réussir / (+) bien / les autres

_____

3. Les Américains / travailler parfois / (-) dur / les nouveaux arrivants

_____

4. Les maisons des immigrés / ne pas être / (=) grand / celles de leurs collègues américains

_____

5. Ils / avoir / (=) ambition / les ouvriers américains

_____

✔ Page 12

DEVELOPPEMENT

J **Des détails.** Finissez les phrases de façon logique.

1. Le pétrole est un produit que _____.

2. L'énergie nucléaire est quelque chose dont _____.

3. Le gaz à effet de serre est un problème qui _____.

4. Le développement durable est important pour les pays où _____.

5. L'écotourisme est ce que _____.

6. Une ONG est une organisation pour laquelle _____.

7. Les pays en voie de développement se trouvent dans des régions qui _____.

K **Des descriptions (1).** Trouvez quatre **adjectifs,** trois **verbes** et deux **adverbes** que vous associez avec chaque mot ou expression.

1. la biodiversité _____

_____

2. les produits bio _____

_____

3. un bénévole _____

_____

4. une femme médecin qui travaille pour Médecins sans frontières _____

_____

5. un pays en voie de développement _____

_____

L **Des descriptions (2).** Maintenant, choisissez un des termes de l'activité **K** et faites-en une description détaillée en un paragraphe de cinq ou six phrases. Essayez d'utiliser les mots de votre liste et au moins une phrase avec une **proposition relative.**

_____

_____

_____

_____

_____

_____

_____

_____

VI EXPRESSING OPINIONS OR REACTIONS

ENTRAINEMENT

M Réactions. Un jeune vert (un écolo) réagit aux commentaires de son père qui croit qu'on exagère les problèmes de l'environnement. Finissez ses phrases.

1. LE PÈRE: Le réchauffement climatique est un mythe.

   LE VERT: Je ne crois pas que _____.

2. LE PÈRE: On ne remplacera jamais l'énergie nucléaire.

   LE VERT: Mais il est essentiel de _____.

3. LE PÈRE: Je ne prends pas les transports en commun.

   LE VERT: Mais il faut que _____.

4. LE PÈRE: Ta mère et moi ne recyclons pas.

   LE VERT: C'est dommage que _____.

5. LE PÈRE: Bon, nous irons plus souvent faire nos courses à pied.

   LE VERT: Ce serait une bonne idée que _____.

 Page 12

DEVELOPPEMENT

N Un réfugié au Canada raconte. D'abord, lisez le passage suivant. Qu'en pensez-vous? Ecrivez cinq phrases pour exprimer votre opinion en utilisant des **expressions variées** et des **négations**.

> Modèle: **Je suis étonné que Mushfiq ait choisi le Canada.**
> **Mushfiq n'a aucun problème avec ses origines.**

L'Afghanistan, c'est beaucoup plus qu'un conflit armé. Demandez à Mushfiq, un musicien et visualiste qui a apporté au Canada la culture de son pays d'origine.

Après avoir tenu un rôle dans une émission dramatique en Afghanistan dès l'âge de 5 ans et ouvert sa propre école d'arts et de musique à l'âge de 30 ans, Mushfiq a dû fuir son pays en 1992, lors de la chute de l'ancien régime soviétique qui a mené à l'éclosion d'une guerre civile à Kaboul.

« Tant que je peux pratiquer mon art, je me sens chez moi », précise-t-il en se remémorant comment s'est déroulé son voyage d'une décennie au cours duquel il a séjourné dans plusieurs pays, comme le Pakistan, le Kazakhstan et les Pays-Bas, où il a obtenu une maîtrise en musique classique orientale.

Mushfiq est arrivé au Canada en 2001 pour y épouser sa fiancée. Même si on lui offrait d'enseigner, de peindre et de se produire en Europe, il a choisi le Canada pour être plus près de sa famille élargie.

Aujourd'hui, dans le studio de Mushfiq, situé à Ottawa, on peut admirer ses toiles et ses calligraphies. Selon lui, les nouveaux arrivants contribuent grandement à enrichir la culture canadienne en rapportant l'art de leur pays d'origine au Canada.

Le Canada s'est enrichi grâce à l'immigration, ajoute-t-il. Les arts et la musique provenant des quatre coins du monde constituent une bouffée d'air frais pour l'âme de ce pays.

Maintenant résident permanent du Canada, Mushfiq utilise l'art pour montrer aux Canadiens la culture afghane.

En 2003, il a mis sur pied la Mushfiq Arts Company, le seul organisme d'Ottawa qui se consacre à l'enseignement, à la promotion et à l'exposition/démonstration de la musique, des arts et du patrimoine culturel de l'Asie méridionale et centrale.

Par l'intermédiaire de son entreprise, Mushfiq enseigne la musique et l'art afghans à des étudiants aux origines diverses. Il a également formé un groupe de musique qui se produit notamment lors d'activités locales, comme le Festival de musique folk d'Ottawa, et dont les concerts ont déjà été radiodiffusés sur les chaînes anglophone et francophone de la Société Radio-Canada.

Une de ses plus grandes joies est de constater à quel point sa culture réussit à se démarquer en terre étrangère.

« Bien que l'appui que je reçois provienne en grande partie des communautés d'immigrants, notre auditoire se compose de plus en plus d'amateurs du grand public », a-t-il précisé.

« Tous les Canadiens sont de plus en plus attirés vers la musique et les arts d'ailleurs, et je me sens privilégié de partager ce que j'ai avec les gens de mon entourage. Je ne me sens pas comme un étranger ici. Les artistes se sentent partout chez eux ».

Source: adapté de www.cic.gc.ca 2009.

1. _____
   _____

2. _____
   _____

3. _____
   _____

4. _____
   _____

5. _____
   _____

ⓋⒾⒾⒾ NARRATING

🔘 **Un séjour en Belgique.** Eva, une jeune étudiante espagnole, raconte son séjour en Belgique. Mettez les verbes entre parenthèses au **présent**.

Je _____ (être) en quatrième année de Beaux-Arts à Bruxelles. Je _____ (travailler) dans une galerie d'art et je _____ (peindre) aussi des portraits de famille pour payer mes études. Puisque je _____ (vouloir) être peintre, je _____ (savoir) que je _____ (devoir) faire des économies. Mes parents me _____ (soutenir) moralement mais ils _____ (avoir) parfois du mal à accepter ma décision de ne pas vivre en Espagne. Mes amis _____ (venir) de partout en Europe. Nous _____ (parler) tous français et nous _____ (voyager) ensemble quand nous _____ (avoir) le temps et l'argent. Nous _____ (être) les nouveaux Européens, libres de choisir où nous _____ (vouloir) vivre et travailler.

✔ Page 13

P Le bénévole. Voici l'histoire, racontée **au présent,** d'un jeune Canadien. Mettez-la **au passé.**
Ecrivez seulement les verbes. (Attention: les verbes du passage qui sont au **passé composé** doivent être mis au **plus-que-parfait.**)

En avril dernier, lorsqu'il arrive dans les Balkans, le docteur Jonathan Brock, âgé de 33 ans,

_____

est théoriquement interne *(resident)* en médecine familiale dans un hôpital de Vancouver.

_____

Mais de fait, l'expérience qu'il a accumulée en six ans de service bénévole pour

_____

Médecins sans frontières Canada fait de lui un vieux routier *(experienced person)*

_____

des services médicaux d'urgence *(emergency).* Entre 1993 et 1998, c'est-à-dire avant et

_____

après avoir terminé ses études en médecine, Jonathan Brock est présent à l'étranger

_____

comme bénévole lors de cinq crises graves, soit au Mali, en Somalie, au Rwanda,

_____

en Sierra Leone ou en Afghanistan. Il y fait un travail intense. Au Rwanda,

_____

il aide à établir un hôpital de 200 lits et il prête main-forte *(help)* en chirurgie. Sa

_____

première mission, après avoir obtenu son diplôme, est en Sierra Leone où il

_____

soigne les victimes horriblement mutilées de la guerre civile. A quelques semaines

_____

de la fin de sa période d'internat *(hospital residency),* il est de nouveau sur le terrain au camp de Brazde,

_____

le plus important de l'ex-République

_____

yougoslave de Macédoine. Leur mission est d'aider les réfugiés Kosovars. A un certain moment,

_____

lui et son équipe doivent fournir des soins médicaux à plus de 30 000 réfugiés dont l'âge varie

_____

beaucoup; on y trouve des nouveau-nés et des personnes de tout âge, mais le groupe

_____

des 10 à 40 ans est le plus important. Récemment, le docteur Brock déclare que ce travail a

_____

été un véritable défi, mais qu'il n'aurait voulu changer de place avec personne.

_____

Source: Adapté de www.dfait-maeci.gc.ca/canada-magazine.

✔ Page 13

Q **L'avenir, deux points de vue.** Les parents de Frank, un Irlandais de 21 ans, imaginent son avenir. Mettez les verbes entre parenthèses **au futur** ou au **futur antérieur.**

Quand notre fils _____ (terminer) ses études d'ingénieur à Paris, il _____

(revenir) chez nous, ici à Limerick. Il _____ (pouvoir) facilement trouver du travail dans

une des nouvelles entreprises européennes. Sa copine française et lui _____ (se marier) et ils

_____ (acheter) une petite maison tout près de chez nous. Elle _____ (être)

médecin et elle _____ (vouloir) travailler mais ils _____ (avoir) bientôt un

enfant. Alors nous, les grands-parents, nous _____ (s'occuper) du petit.

Nous _____ (se voir) tous les jours.

Frank a d'autres idées. Mettez les verbes entre parenthèses au **futur** ou au **futur antérieur.**

Dès que je _____ (obtenir) mon diplôme, je _____ (partir) avec Médecins sans

frontières. Quand Estelle, ma copine, _____ (faire) son internat, nous _____

(se retrouver) au Rwanda ou au Népal. Nous y _____ (passer) au moins un an avant de retourner

en Europe. Nous _____ (s'établir) dans la banlieue de Marseille où

elle _____ (soigner) des femmes et des enfants immigrés et moi, je _____

(chercher) du travail dans une multinationale.

✔ Page 13

DEVELOPPEMENT

R **Maintenant, avant, plus tard.** Racontez, en quelques phrases, le présent, le passé et l'avenir des personnes suivantes. Utilisez le **pronom sujet** indiqué.

1. une fille de 8 ans dans un camp de réfugiés (je)

Maintenant, _____

_____

Avant, _____

_____

Plus tard, _____

_____

2. un médecin américain qui s'est porté volontaire à l'Haïti (il)

Maintenant, _____

_____

Avant, _____

_____

Plus tard, _____

_____

3. deux étudiants de droit international (nous)

Maintenant, _____

_____

Avant, _____

_____

Plus tard, _____

_____

Expression

A Une langue universelle. De temps en temps, il y a des mouvements en faveur d'une langue universelle, par exemple le volapük (langue internationale créée en 1879 par J. M. Schleyer, un curé allemand) ou l'esperanto (langue internationale conventionnelle au vocabulaire simplifié et à la grammaire réduite, créée vers 1887 par le Russe Zamenhof). Qu'en pensez-vous? Quels seraient les avantages et les inconvénients d'une langue universelle? Ecrivez trois paragraphes dans lesquels vous présentez vos idées sur cette question.

Paragraphe 1: ce qu'on y gagnerait
Paragraphe 2: ce qu'on y perdrait
Paragraphe 3: votre conclusion

B L'utopie–un monde écologique. Imaginez un monde futur où les habitudes de consommation auraient changé, où tout le monde penserait à l'environnement, où on ne prendrait que rarement la voiture (y en aurait-il encore?), etc. Décrivez ce monde (les villes, les maisons, les universités, les moyens de transport, etc.) en quelques paragraphes. Faites votre plan avant d'écrire et comparez la situation actuelle avec celle de l'avenir. Illustrez vos idées par des exemples précis.

C La solidarité. Nous, les citoyens des pays développés, avons-nous des responsabilités envers les ressortissants des pays en voie de développement? Si oui, pourquoi et lesquelles? Que pouvons-nous faire pour aider le tiers-monde? Sinon, pourquoi pas? Aidez-vous du plan suivant pour justifier votre point de vue.

1. Responsabilités: oui ou non? Pourquoi?

2. Si oui, que pouvons-nous faire? Que ne devons-nous pas faire? Sinon, comment ces pays se développeront-ils?

3. Conclusion.

Vidéo: Les problèmes du monde

I AVANT DE VISIONNER

A Réfléchissez aux problèmes du monde. Dans ce dernier chapitre de **Sur le vif**, on parle surtout de l'environnement. Mais ce n'est certainement pas le seul problème auquel nous devons faire face. Quels sont, selon vous, les problèmes plus graves dans le monde d'aujourd'hui?

Choisissez-en trois de la liste ci-dessous. Si vous ne trouvez pas celui qui vous semble le plus important, ajoutez-le.

_____ la pauvreté

_____ la démographie

_____ la rareté de l'eau potable

_____ la guerre

_____ l'inégalité entre les pays riches et les pays du tiers-monde

_____ l'inégalité entre les riches et les pauvres dans votre pays

_____ l'économie

_____ l'extrémisme religieux

_____ le réchauffement climatique

_____ la pollution

_____ les relations entre les gens

_____ la communication

autre: _____

B Maintenant, choisissez celui des trois qui est le plus important pour vous et expliquez pourquoi.

_____

_____

_____

_____

_____

_____

II EN VISIONNANT

🌐 Rendez-vous sur le site web de **Sur le vif** pour regardez la vidéo.

A Regardez les commentaires des francophones et notez au moins trois des problèmes mentionnés.

_____

_____

_____

B Quel problème mentionné vous surprend? Un jeune Américain aurait-il choisi un tel problème ? Expliquez.

_____

_____

_____

Ⓘ APRÈS AVOIR VISIONNÉ

Essayez de proposer quelques solutions. Ecrivez un petit paragraphe de cinq à sept phrases pour décrire une ou des solution(s) au problème que vous avez identifié dans la partie IB, ou à un problème mentionné dans la vidéo. Si vous êtes plutôt pessimiste et ne voyez pas de solution, expliquez pourquoi.

_____

_____

_____

_____

_____

_____

_____

_____

_____

_____

_____

_____

_____

_____

_____

_____

_____

_____

_____

_____

_____

_____

_____

_____

_____

_____

_____

_____

_____

_____

_____

Postlude

Les Cajuns

A Associations.

Tout au début de ce cahier (Exercice A, page 1), on vous a demandé ce que vous associez au mot « français ». Maintenant que vous avez fini *Sur le vif,* y a-t-il de nouvelles choses que vous associez à ce mot?

_____

_____

_____

_____

_____

_____

_____

B Et maintenant? Ce cours vous a permis de vous faire une opinion sur la langue française et sur la culture française et francophone. Complétez les phrases suivantes en vous basant sur ce que vous avez appris.

1. Avant, je ne savais pas que les Français _____

_____.

2. Je suis surpris(e) que _____

_____.

3. Je voudrais (Je ne voudrais pas) visiter la France parce que _____

_____.

4. _____ est le pays francophone qui m'intéresse le plus parce que

_____.

5. Pouvoir parler français est important parce que _____

_____.

C **L'Américain(e) à l'étranger.** Imaginez la situation suivante. Puisque vous parlez français, la société pour laquelle vous travaillez vous envoie dans un pays francophone (à vous de choisir le pays). Vous allez y vivre au moins cinq ans. Quels aspects de votre propre culture allez-vous essayer de préserver dans votre pays d'adoption? Avant d'écrire, prenez des notes en suivant ce plan:

1. votre situation personnelle: âge, état civil (marié[e] ou célibataire), genre de travail que vous faites, pays où vous travaillez, etc.

_____

_____

_____

2. les habitudes ou traditions qui vous semblent les plus importantes à préserver

_____

_____

_____

3. les efforts que vous allez faire pour vous intégrer dans votre nouveau pays

_____

_____

_____

4. les avantages et les inconvénients de votre situation

_____

_____

_____

Maintenant, en vous basant sur vos notes, écrivez une rédaction de trois ou quatre paragraphes.

Chapitre I

Les Etudes

www.cengagebrain.com/login

| ✔ Vérifiez vos réponses *(Student Activities Manual Answer Key and Audio Script)* |

Phonétique

TO THE STUDENT: Start the audio segment for Chapter 1 and listen carefully to the explanations and instructions while following along in the text below. Enunciate clearly when instructed to repeat a word, a group of words, or a sentence.

A The alphabet CD2, track 2

Since your very first French class you have known that the French alphabet and the English alphabet have the same letters and the same sequence of letters. The pronunciation of the two alphabets is different, however, and in intermediate French you will be expected to pay attention to those differences as you become increasingly able to speak in longer and more complex sentences.

Exercise A-I

Imitate as closely as possible the pronunciation of each letter as you hear it.
A, B, C, D, E, F, G, H, I, J, K, L, M, N, O, P, Q, R, S, T, U, V, W, X, Y, Z

B The French *r*, PART I CD2, track 3

You may have become fairly comfortable with the pronunciation of the French **r**, but most students in intermediate French need a little more practice before achieving mastery of this sound. The French **r** is sometimes problematic for native speakers of English because correct pronunciation of this sound is controlled by the back of the tongue, whereas in English, it is controlled by the tip of the tongue.

To practice the French **r**, first say *ah,* then push the back of your tongue up toward the top of your throat and try to repeat the sound. You should now be saying *rah.* There may be a slight vibration, but you should avoid making a gargling sound.

Exercise B-I

You will now hear vocabulary words from Chapter 1 that contain the letter **r.**

◆ Repeat each word after you hear it, being careful to form the sound of the **r** with the back of your tongue, not the tip.
◆ Listen to the word a second time.

1. l'université
2. le maître
3. les droits d'inscription
4. la rentrée
5. le relevé de notes
6. la rédaction
7. les travaux dirigés
8. l'interrogation
9. s'inscrire
10. suivre
11. rendre
12. réussir

Exercise B-2 CD2, track 4

Next, you will hear five sentences taken from the **Structures** examples in Chapter 1.

◆ Circle every **r** that you hear as you listen to each sentence the first time.
◆ Repeat each sentence when you hear it a second time.

1. Je veux suivre ce cours.

2. Nous espérons nous inscrire sans problème.

3. On se prépare pour pouvoir participer.

4. Nous allons rendre nos devoirs à la fin de l'heure.

5. Est-ce que tu peux te débrouiller en français?

6. Il espère réussir à cet examen.

7. Elle est arrivée en retard à l'examen.

8. Ses parents viennent de recevoir son relevé de notes.

9 Après avoir fini ses études, elle est retournée chez ses parents.

10. Après être rentrée des vacances, elle a recommencé à travailler sur sa thèse.

C Intonation, PART I CD2, track 5

The pattern of rising and falling pitch levels when you speak is called *intonation*. As you know, intonation patterns in French differ from those you use when speaking English.

In a normal declarative sentence in English, some words are pronounced more loudly or with greater emphasis.

She <u>really</u> likes her <u>French</u> teacher!

In French, every syllable is pronounced with the same degree of emphasis except the last one in the utterance. The pronunciation of this final syllable is slightly drawn out, and the voice falls a little lower.

Elle aime beaucoup son professeur de français!

Exercise C-1

◆ Listen carefully to the intonation pattern of each sentence.
◆ Repeat each sentence, imitating the intonation pattern as accurately as possible.

1. La note est bonne.

2. Ce garçon ne travaille pas.

3. Je n'aime pas bachoter.

4. L'interro est facile.

5. Elle fait un stage.

CD2, track 6

In longer sentences in French, words are grouped together into semantic or grammatical units, and the voice rises slightly in the pronunciation of the final word in each group except the last. In the pronunciation of the last word of a sentence, the voice falls slightly.

Le professeur demande aux étudiants de rendre leurs devoirs.

The number of word groups you will hear in spoken French depends on many factors, including formality of speech, rapidity of speech, and the region of France or the Francophone country the speaker is from.

Exercise C-2

Now you will hear five longer sentences.

◆ Repeat each sentence after you hear it, paying close attention to the rising and falling intonation patterns of the various word groups.

1. J'ai reçu une très bonne note à l'interrogation de philosophie.

2. Comme ce nul dort à l'école, il doit bachoter avant le contrôle.

3. Simone préfère les cours magistraux aux travaux dirigés.

4. Ma pauvre sœur est malheureuse parce qu'elle a raté son examen de maths.

5. En cours de langue, il faut apprendre par cœur toutes les conjugaisons et beaucoup de mots de vocabulaire.

CD2, track 7

In French, questions that require only a *yes* or *no* answer always end with the voice rising on the final syllable.

Tu fais tes devoirs?

Exercise C-3

◆ Repeat the following questions as you hear them, being careful that your voice rises instead of falls on the final syllable.

1. Aimes-tu la rentrée?

2. Il a fini sa rédaction?

3. C'est un cours magistral?

4. Se débrouille-t-il bien?

5. Avez-vous réussi à l'examen?

D Final consonants, PART I   CD2, track 8

In French, final consonants are rarely pronounced unless followed by **-e.** This rule is especially important to keep in mind when reviewing verb endings in the present tense.

-er verbs

-er verbs in the present tense are often referred to as "shoe" verbs because the identical pronunciation of four of the six forms creates a "shoe":

j'étudie	
tu étudies	
il étudie	ils étudient

Do not forget that the ending **-nt** of the third person plural form is never pronounced.

Exercise D-1

◆ Listen carefully to the pronunciation of each of the following pairs of verb forms.
◆ Repeat each pair after you hear it.

> je paie / ils paient
> tu t'ennuies / elles s'ennuient
> on préfère / ils préfèrent

> ***-ir* and *-re* verbs**   CD2, track 9

In the present tense conjugation of regular verbs whose infinitives end in **-ir** or **-re,** the consonants at the end of the singular forms are not pronounced.

Exercise D-2

◆ Repeat the following forms.

> j'attends
> tu attends
> il attend
> je finis
> tu finis
> on finit

CD2, track 10

However, the consonant that immediately precedes the **-ent** ending of the third person plural form is always pronounced.

Exercise D-3

◆ Repeat the following forms.

> ils attendent
> elles finissent

Exercise D-4   CD2, track 11

◆ Listen carefully to the pronunciation of each of the following pairs of verb forms.
◆ Repeat each pair after you hear it.

> je réagis / ils réagissent
> tu rends / ils rendent
> elle choisit / elles choisissent

CD2, track 12

The pronunciation of the irregular verbs **partir, sortir, sentir,** and **dormir** in the present tense follows the same rule as for the pronunciation of regular **-ir** verbs. Do not pronounce the consonants at the end of the singular forms. *Do* pronounce the consonant that directly precedes the **-ent** ending of the third person plural.

Exercise D-5

◆ Listen carefully to the following pronoun / verb groups.
◆ Repeat each group after you hear it.

1. Je pars.

2. On dort.

3. Elles sentent.

4. Tu sors.

5. Ils partent.

6. Je ressens.

7. Elle repart.

8. Ils sortent.

9. Elles dorment.

Exercise D-6 CD2, track 13

Now you will hear six sentences that contain vocabulary and verbs from Chapter 1. Each sentence will be read twice.

◆ Listen carefully to the verb of each sentence.
◆ Indicate if this verb is singular or plural by putting a check mark (✓) in the appropriate column.
If the spoken verb can be *either* singular or plural, put a check mark in both columns.

	Singular	**Plural**
1.	☐	☐
2.	☐	☐
3.	☐	☐
4.	☐	☐
5.	☐	☐
6.	☐	☐

✔ Page 1

Compréhension

ETUDIER AUX ETATS-UNIS

A Avant d'écouter. Vous connaissez déjà certaines différences entre le système universitaire américain et le système français. Pour chaque phrase ci-dessous, indiquez si on parle des universités américaines (UA) des universités françaises (UF) ou des deux (AF)

_____ 1. Les droits d'inscription ne sont pas chers.

_____ 2. On doit acheter des livres pour tous ses cours.

_____ 3. Les étudiants n'assistent pas toujours aux cours.

_____ 4. Il y a plusieurs examens et souvent des dissertations à rendre dans chaque cours.

_____ 5. Les étudiants n'aiment pas les cours qui commencent très tôt le matin.

_____ 6. On peut facilement parler aux professeurs.

_____ 7. Pour réussir, on doit écouter le prof et bosser tous les jours.

✔ Page 1

CD2, track 14

B **En écoutant.** Camille, une jeune Française, parle de ses réactions au système universitaire américain. Répondez aux questions ci-dessous par des phrases complètes.

1. Quels aspects du système américain étonne Camille? Mentionnez deux choses.

_____

_____

2. Comment paie-t-elle ses études ?

_____

3. Qu'est-ce qu'elle trouve difficile ? Mentionnez deux choses.

_____

_____

4. Comment les profs américains sont-ils différents des profs français ? Mentionnez deux choses.

_____

_____

✓ Page 1

Dictée

C'est comme ça en France !   CD2, track 15

Pierre, un Français, parle à ses amis américains des différences entre les systèmes universitaires en France et aux États-Unis. Vous allez entendre ce petit passage trois fois. La première fois, écoutez. La deuxième fois, écrivez. La troisième fois, vérifiez.

_____

_____

_____

_____

_____

_____

_____

_____

✓ Page 1

Chapitre 2

Les Jeunes

🌐 **www.cengagebrain.com/login**

> ✔ Vérifiez vos réponses *(Student Activities Manual Answer Key and Audio Script)*

Phonétique

TO THE STUDENT: Start the audio segment for Chapter 2 and listen carefully to the explanations and instructions while following along in the text below. Enunciate clearly when instructed to repeat a word, a group of words, or a sentence.

A Final consonants, PART 2   CD2, Track 16

In Chapter 1 **Phonétique,** you worked with the pronunciation of final consonants in present tense verb forms. In this chapter, you will work with the pronunciation of final consonants of descriptive adjectives.

As you know, a new ending is added to the masculine form of many descriptive adjectives to create the feminine form. The final letter of this new ending is always **-e,** and the new ending will often change the pronunciation of the adjective.

Exercise A-1

◆ Listen carefully to the difference in pronunciation of the masculine and feminine forms of the following adjectives. Note that some of the adjectives have a more significant spelling change than just an additional **-e** at the end, and that some adjectives that add an **-e** for the feminine do not change pronunciation.

◆ Repeat each pair of adjectives, and then each sentence, after the speaker.

1. français / française

      Michel est français.
      Michèle est française.

2. gros / grosse

      Jean est gros.
      Jeanne est grosse.

3. blond / blonde

      Paul est blond.
      Paulette est blonde.

4. discret / discrète

      Simon est discret.
      Simone est discrète.

5. paresseux / paresseuse

      François est paresseux.
      Françoise est paresseuse.

6. franc / franche

      Stéphane est franc.
      Stéphanie est franche.

7. poli / polie

      Bernard est poli.
      Bernadette est polie.

8. gentil / gentille

      Jacques est gentil.
      Jacqueline est gentille.

9. rouspéteur / rouspéteuse

      Raymond est rouspéteur.
      Raymonde est rouspéteuse.

10. tendu / tendue

      Louis est tendu.
      Louise est tendue.

Exercise A-2 CD2, Track 17

Now you will hear a series of descriptive adjectives.

◆ Indicate whether the adjective you hear is masculine or feminine by putting a check (✔) in the appropriate column. If the adjective you hear can be both masculine and feminine, put a check in both columns.

	Masculine	Feminine			Masculine	Feminine
1.	☐	☐		7.	☐	☐
2.	☐	☐		8.	☐	☐
3.	☐	☐		9.	☐	☐
4.	☐	☐		10.	☐	☐
5.	☐	☐		11.	☐	☐
6.	☐	☐		12.	☐	☐

✔ Page 1

B Nasal vowels, PART I CD2, Track 18

If a vowel is followed in the same syllable by a single **m** or **n**, it is nasalized. This means that to produce this sound, you release air through both your mouth and your nose. To produce non-nasal ("oral") vowels, you release air only through your mouth.

There are three nasal vowel sounds commonly used in French, which you hear in the descriptive adjectives **mince, grand,** and **rond.**

Exercise B-1

◆ Listen to the pronunciation of the following adjectives.
◆ Repeat each adjective after you hear it, paying close attention to whether you are releasing air through your mouth only or through both your nose and your mouth to produce the sound.
◆ Indicate whether the adjective has a nasal vowel sound by putting a check (✔) in the appropriate column.

		Nasal	Oral			Nasal	Oral
1.	long	☐	☐	6.	fins	☐	☐
2.	joli	☐	☐	7.	chauve	☐	☐
3.	franc	☐	☐	8.	sale	☐	☐
4.	sage	☐	☐	9.	teint	☐	☐
5.	faible	☐	☐	10.	fort	☐	☐

✔ Page 1

Exercise B-2 CD2, Track 19

Now you will hear six sentences.

◆ Identify the descriptive adjective in the sentence and repeat this adjective.
◆ Compare your word choice with the adjective repeated by the speaker.
◆ Indicate whether there are any nasal vowels in the adjective by putting a check mark (✔) in the appropriate column.

◆ Compare your answer with the one given by the speaker.
◆ Repeat the sentence after the speaker reads it a second time.

Modèle:

YOU HEAR:	Pierre est un homme fort.
YOU SAY:	fort
YOU HEAR:	fort
YOU MARK:	**Nasal** **Oral**

Nasal	Oral
☐	✓

YOU HEAR:	oral
YOU HEAR:	Pierre est un homme fort.
YOU REPEAT:	Pierre est un homme fort.

	Nasal	**Oral**
1.	☐	☐
2.	☐	☐
3.	☐	☐
4.	☐	☐
5.	☐	☐
6.	☐	☐

✔ Page 1

CD2, Track 20

There are a few descriptive adjectives whose masculine form ends in a nasal vowel sound and whose feminine form ends in an oral vowel sound.

Exercise B-3

◆ Repeat the following pairs of adjectives after the speaker.

Masculine adjective nasal vowel sound	Feminine adjective oral vowel sound
1. bon	bonne
2. ancien	ancienne
3. féminin	féminine
4. prochain	prochaine
5. brun	brune

C Intonation, PART 2   CD2, Track 21

In Chapter 1 **Phonétique,** you practiced the French intonation patterns for declarative sentences and for questions that require only a *yes* or *no* answer. Remember that in a declarative statement, the final pronounced syllable should have a falling intonation.

C'est un bon étudiant.

Questions that require only a *yes* or *no* answer always end with a rising intonation.

A-t-elle un tatouage?

In **Structures** Chapter 2, you are reviewing the formation of questions that cannot be answered by *yes* or *no*. These types of questions contain:

◆ interrogative adverbs: **combien, comment, où, pourquoi, quand**
◆ interrogative adjectives: a form of **quel**
◆ interrogative pronouns: **qui, qu'est-ce qui, que,** etc.

Exercise C-1

Repeat each of the following questions after the speaker, paying close attention to the fact that the intonation <u>does not rise</u> at the end. The intonation pattern in these questions is the same as in declarative sentences (the intonation falls on the final pronounced syllable).

1. Où a-t-il acheté son pantalon?
2. Pourquoi veux-tu maigrir?
3. Qui a fait ton piercing?
4. Quelle chemise vas-tu mettre?
5. Qu'est-ce que vous faites pour vous détendre?
6. Que penses-tu de mon nouveau maillot?
7. Quand vont-elles faire du lèche-vitrines?
8. Combien de tee-shirts sont sales?
9. Quelles sont tes boucles d'oreilles préférées?
10. Avec qui va-t-elle faire du jogging?

Exercise C-2 CD2, Track 22

You will now hear another ten questions.

◆ Indicate whether the intonation on the final syllable rises or falls by putting a check mark (✔) in the appropriate column.

Remember: The intonation will rise at the end if the question can be answered by a simple *yes* or *no*. If the question requires a longer answer, then the intonation will fall.

	Rises	Falls			Rises	Falls
1.	☐	☐		6.	☐	☐
2.	☐	☐		7.	☐	☐
3.	☐	☐		8.	☐	☐
4.	☐	☐		9.	☐	☐
5.	☐	☐		10.	☐	☐

✔ Page 2

Compréhension / Dictée

UNE CHANSON AFRICAINE

A Avant d'écouter. Quand on dit que quelqu'un est joli ou gentil, à quoi cela vous fait-il penser? Ecrivez trois mots que vous associez à ces adjectifs.

joli(e)   **gentil(le)**

_____   _____

_____   _____

_____   _____

CD2, Track 23

B En écoutant. Ecoutez, autant de fois que vous voulez, cette chanson chantée par Daouda, un chanteur de Côte d'Ivoire.

1. Complétez le texte de la chanson.

   J'ai des problèmes

   J'aime _____ filles

   Je ne _____ pas laquelle _____

   La _____ est la plus _____

   La _____ est la plus _____

   Entre les deux mon _____ balance

   Ça balance et ça rebalance

   _____ Fanta

   _____ Amina

   Entre les deux _____ j'hésite

   Pourtant il faut que je me _____

   Mais _____ balance

   Ça balance et ça rebalance

   Quand je _____ avec la _____ Fanta

   Moi, je _____ à la _____ Amina

   Quand Amina est _____ de moi

   Mes pensées s'envolent _____ Fanta

   Et _____ balance

Ça balance et ça rebalance

_____ j'ai pris ma résolution

Croyant avoir trouvé la _____

Mais au moment de me _____

Moi je n'ai pas pu me _____

Car _____

Ça balance et ça rebalance

(bis)

_____-moi mes amis

_____-moi laquelle

Entre _____ Fanta

Et _____ Amina

(bis)

2. **Avez-vous compris?** En vous aidant du contexte, donnez un équivalent anglais des mots suivants:

   a. balance _____

   b. entre _____

   c. croyant _____

   d. bis _____

✔ Page 2

3. **Votre solution?** Donnez votre opinion en complétant la phrase.

   Moi, je crois que le chanteur devrait choisir _____ parce que

_____

_____

_____

Chapitre 3

Les Immigrés

✓ Vérifiez vos réponses *(Student Activities Manual Answer Key and Audio Script)*

Phonétique

TO THE STUDENT: Start the audio segment for Chapter 3 and listen carefully to the explanations and instructions while following along in the text below. Enunciate clearly when instructed to repeat a word, a group of words, or a sentence.

A Hearing the tenses   CD2, track 24

When listening to French, it is important to be able to identify the tenses of the verbs you hear. This is not always easy when many verb endings sound the same or almost the same. This is why you must listen to the content and pay attention to the context of the utterance, rather than simply focusing on the sound of the verb, in order to understand what the time frame is.

For example, the *infinitive* of regular -er verbs (as well as of the irregular verb **aller**) <u>sounds</u> like the **vous** *form of the present indicative.*

Exercise A-1

◆ Repeat the following verb pairs:

Infinitive	Present indicative, 2nd person plural (*vous*)
1. all**er**	all**ez**
2. mang**er**	mang**ez**
3. étudi**er**	étudi**ez**
4. parl**er**	parl**ez**
5. arriv**er**	arriv**ez**

CD2, track 25

The *past participle* of certain verbs <u>sounds</u> like both the *infinitive* of those verbs and certain forms of the *present indicative.*

Exercise A-2

◆ Repeat each of the following verbs.

Infinitive	Present	*Passé composé*	Pluperfect
1. quitt**er**	quitt**ez**	vous avez quitt**é**	vous aviez quitt**é**
2. préfér**er**	préfér**ez**	vous avez préfér**é**	vous aviez préfér**é**

3. cherch**er**	cherch**ez**	vous avez cherch**é**	vous aviez cherch**é**
4. march**er**	march**ez**	vous avez march**é**	vous aviez march**é**
5. aim**er**	aim**ez**	vous avez aim**é**	vous aviez aim**é**

CD2, track 26

In the *imperfect tense*, all of the singular forms and the third person plural form <u>sound</u> to most non-native French speakers like the **vous** *form of the present indicative.*

Exercise A-3

◆ Repeat the following pairs of verbs:

Imperfect	**Present indicative**
1. pouv**ait**	pouv**ez**
2. av**ait**	av**ez**
3. voul**aient**	voul**ez**
4. connaiss**ais**	connaiss**ez**
5. sort**ait**	sort**ez**
6. sav**ais**	sav**ez**

Exercise A-4   CD2, track 27

You will now hear a series of sentences about the characters in the short story *Printemps* from Chapter 3. For each sentence:

◆ write down each verb you hear;
◆ identify the form (tense or mood) for each verb (*infinitive, present indicative, imperfect, pluperfect*);
◆ check your answers when they are given after each verb is repeated;
◆ repeat each sentence as it is read a second time.

Verb	**Tense / Mood**
1. _____	_____
_____	_____
_____	_____
2. _____	_____
_____	_____
_____	_____
3. _____	_____
_____	_____
_____	_____
4. _____	_____
_____	_____
_____	_____

5. _____   _____

_____   _____

_____   _____

6. _____   _____

_____   _____

_____   _____

7. _____   _____

_____   _____

_____   _____

8. _____   _____

_____   _____

_____   _____

9. _____   _____

_____   _____

_____   _____

10. _____   _____

_____   _____

_____   _____

✔ Page 2

B Liaison   CD2, track 28

The term **liaison** refers to the linking, <u>in spoken French</u>, of the final pronounced consonant of one word to the initial vowel of the following word.

In many cases a **liaison** is optional, but certain ones are mandatory.

Exercise B-1

You will now hear some examples of mandatory liaisons.

◆ Repeat all of the examples you hear in French.

Mandatory liaisons occur with the initial vowel in a word that follows:

- the articles **un, des, les,** and the contracted form **aux**

    aux années

    Saba pense **aux** années passées chez les Herschel.

- the masculine singular possessive adjectives **mon, ton,** and **son**

    son enfance

    Son enfance a été très heureuse.

- the plural possessive adjectives **mes, tes, ses, nos, vos,** and **leurs**

  vos idées

  Vos idées sur cette histoire m'intéressent.

- the demonstrative adjective **ces**

  ces allusions

  Ces allusions à la colonisation sont importantes.

- the numbers **deux, trois, six, dix**

  dix ans

  Saba a passé plus de **dix** ans chez les Herschel.

- adjectives that precede nouns

  petit appartement

  La mère avait un **petit** appartement.

- subject pronouns

  elles ont

  Elles ont peu d'argent.

- third person singular and plural verbs inverted with subject pronouns

  dit-elle

  Que **dit**-elle de sa vie avec sa mère?

- double pronouns

  nous en

  L'histoire de Saba? Le professeur **nous en** a parlé.

- the verb forms **est, ont, sont, vont,** and **font**

  est allée

  La mère **est** allée en Europe chercher du travail.

- most monosyllabic adverbs, conjunctions, and prepositions

  chez eux

  Quand Saba quitte les Herschel, elle sait qu'elle ne reviendra jamais **chez** eux.

- in many fixed expressions, including **comment allez-vous, petit à petit, de plus en plus,** and **de temps en temps**

  de plus en plus

  Saba devient **de plus en plus** triste chez sa mère.

Exercise B-2   CD2, track 29

Now you will hear five sentences.

◆ Listen carefully for the **liaisons** and link the consonant and vowel together using this symbol: ‿.
◆ Repeat each sentence when you hear it a second time.

1. Les immigrés en France viennent de tous les pays.

2. A ton avis, ces gens sont-ils bien intégrés dans la société française?

3. Souvent, beaucoup d'entre eux vivent ensemble dans un petit appartement.

4. Ces étrangers sont en France pour améliorer la vie de leurs enfants.

5. De temps en temps, ces immigrés rentrent chez eux pendant les vacances.

✅ Page 2

Compréhension

UNE JEUNE TUNISIENNE ARRIVE EN FRANCE

A **Avant d'écouter.** Qu'en savez-vous? Répondez aux questions suivantes en donnant votre opinion personnelle.

1. Y a-t-il plus de possibilités pour les jeunes femmes en Tunisie ou en France? Expliquez.

_____

_____

_____

2. Une personne d'origine maghrébine doit-elle montrer ses papiers à la police plus souvent qu'une jeune personne d'origine européenne? Pourquoi?

_____

_____

_____

3. Est-ce facile ou difficile d'avoir une carte de séjour ces jours-ci en France? Pourquoi?

_____

_____

_____

✅ Page 2–3

CD2, track 30

B **En écoutant.** Salima raconte son arrivée en France et ce qu'elle a dû faire. Répondez aux questions ci-dessous avec des phrases complètes.

1. Pour quelle(s) raison(s) Salima et Fatima ont-elles quitté leur pays d'origine?

_____

2. Pourquoi ne pouvaient-elles pas travailler dès leur arrivée à Paris?

_____

3. Qu'est-ce qu'elles ont fait en attendant?

_____

4. Comment Salima a-t-elle facilement trouvé son premier travail?

_____

5. Que fait Salima aujourd'hui et que veut-elle faire plus tard?

_____

✅ Page 3

Dictée

LE DOCTEUR KINIFFO   CD2, track 31

Vous allez entendre une partie de l'histoire d'un médecin d'origine africaine qui est actuellement chirurgien en France. Elle vous sera lue trois fois. La première fois, écoutez. La deuxième fois, écrivez. La troisième fois, vérifiez.

VOCABULAIRE UTILE: le Bénin: pays d'Afrique, au nord du Nigéria

Bretagne: province française, au nord-ouest

_____

_____

_____

_____

_____

_____

_____

_____

_____

_____

_____

_____

✅ Page 3

Chapitre 4

En route!

> ✔ Vérifiez vos réponses *(Student Activities Manual Answer Key and Audio Script)*

Phonétique

TO THE STUDENT: Start the audio segment for Chapter 4 and listen carefully to the explanations and instructions, while following along in the text below. Enunciate clearly when instructed to repeat a word, a group of words, or a sentence.

A Le groupe rythmique   CD3, track 2

In Chapter 1 **Phonétique,** you learned about dividing longer sentences in French into semantic or grammatical units. These units of words are called rhythmic groups, or **groupes rythmiques,** because they give spoken French its proper rhythm. Remember that the voice rises slightly in the pronunciation of the final word in each unit except the last, and that the voice falls slightly in the pronunciation of the last word of a sentence.

A key to having good pronunciation in French is knowing how to divide the words of an utterance or a sentence into **groupes rythmiques** when speaking. The number of units in a given utterance in French can vary depending on how fast you are speaking, or how formal or informal you want your speech to be. However, in normal speech, a **groupe rythmique** will usually contain between three and eight syllables. Note that syllables in French tend to end on a vowel, whereas in English they tend to end on a consonant.

When speaking French, try to find a rhythm that divides your speech into units ending on a vowel. The final consonant of a word is usually pronounced as the first letter of the first syllable of the word that follows, as in un‿éléphant.

Exercise A-1

Now you will hear five sentences that are taken from the examples in **Structures,** Chapter 4. The slash marks in these sentences show the units, or **groupes rythmiques,** that one would normally hear in standard French pronunciation.

◆ Repeat each sentence after you hear it, paying careful attention to the syllable division, the rhythmic groups, the lengthened final syllable of each group, and the falling intonation on the last syllable of the sentence.

1. La voiture qu'elle achète / est neuve.

2. La patience est très utile / pendant les heures de pointe.

3. J'aime le bus / mais je déteste le métro.

4. Il y a un feu rouge / au prochain carrefour.

5. J'ai d'autres voisins / qui font toujours / du covoiturage.

Exercise A-2   CD3, track 3

Now you will hear another five sentences taken from the examples in **Structures,** Chapter 4.

◆ Listen carefully to the rhythm of the sentence.
◆ Mark the **groupes rythmiques** by inserting a slash mark each time you hear the voice of the speaker rise slightly.

◆ Repeat the sentence when you hear it a second time, imitating as closely as possible the syllable division and rhythm you hear.

1. Il y a des casques dans le placard.

2. Il me faut de l'argent pour acheter un VTT.

3. Il y a une station Vélib' dans la prochaine rue.

4. La plupart des automobilistes respectent les droits des cyclistes.

5. Le printemps est la meilleure saison pour faire du vélo.

 Page 3

B Nasal vowels, PART 2 CD3, track 4

In Chapter 2 **Phonétique,** you learned how to distinguish oral vowels from nasal vowels.

Exercise B-1

Now you will practice pronouncing some of the nasal vowels found in the vocabulary of Chapter 4. Remember that to produce a nasal vowel, you release air through both your nose and your mouth.

◆ Repeat the following words, being careful to imitate as closely as possible the nasal vowel sounds you hear.

1. temps

2. essence

3. dans

4. embouteillage

5. gendarme

Exercise B-2 CD3, track 5

Now you will hear five sentences. In each sentence there are words containing the nasal vowel you have just practiced. The locations of these nasal vowel sounds are indicated by an underline. You will see that this sound is found in the grouping of the vowels **a** or **e** and the consonants **m** or **n.**

◆ Repeat each sentence after you hear it.

1. Jean met des gants avant de prendre le volant.

2. Le temps passe lentement dans un embouteillage.

3. Quel accident! Il est rentré dans une ambulance!

4. Le gendarme pense que François n'est pas innocent.

5. Je prends trente litres d'essence.

Exercise B-3 CD3, track 6

Now you will hear five sentences related to the reading "La 2CV de ma soeur" in Chapitre 4.

◆ Listen carefully.
◆ Underline each nasal vowel you hear.
◆ Repeat the sentence after you hear it a second time, being careful to pronounce the nasal vowels correctly.

1. Le directeur a emmené ma soeur dans un café et lui a fait prendre un cognac.

2. L'agent demande pourquoi elle sent le cognac.

3. Ils lui ont fait une prise de sang.

4. Après l'incident avec l'éléphant, elle était plus prudente.

5. Elle a aussi fait repeindre sa voiture en vert.

✔ Page 3

C The sound [u]   CD3, track 7

The French vowel sound [u] is written **ou, où,** or **oû.** It is similar in sound to the *o* in the English words *do* and *too.* When you use this vowel sound in spoken French, you must be careful to keep a certain amount of tension in the position of your mouth and tongue. Otherwise, the sound will change as you are producing it, and that will create a diphthong, which does not exist in French.

The sound [u] occurs in all types of words in French, including the object pronouns **nous** and **vous,** which you are studying in Chapter 4.

Exercise C-1

You will now hear the five words below. Each of these words contains the sound [u].

◆ Imitate as closely as possible the pronunciation of each one.

1. route

2. bouchon

3. rouge

4. doubler

5. tout

Exercise C-2   CD3, track 8

Now you will hear four sentences. Each sentence contains the sound [u] at least once, but in some of the sentences this sound occurs several times.

◆ After you hear each sentence, indicate the number of times you hear the sound [u].
◆ Repeat the sentence after you hear it a second time.

	1 time	2 times	3 times	4 times	5 times
1.	☐	☐	☐	☐	☐
2.	☐	☐	☐	☐	☐
3.	☐	☐	☐	☐	☐
4.	☐	☐	☐	☐	☐

✔ Page 3

Compréhension

LES TRANSPORTS EN COMMUN

A **Avant d'écouter.** Qu'en savez-vous? Répondez aux questions selon votre expérience personnelle.

1. Quels moyens de transports en commun y a-t-il dans votre ville ou dans votre région? S'il n'y en a pas, pourquoi pas?

_____

_____

2. Donnez trois mots [noms, verbes, adjectifs] que vous associez avec des transports en commun.

_____

_____

3. Quels sont deux avantages des transports en commun? Et quels en sont deux inconvénients?

_____

_____

_____

_____

CD3, track 9

B **En écoutant.** Ecoutez maintenant ce que pense un jeune Parisien des transports en commun, puis répondez aux questions.

VOCABULAIRE UTILE: disponible *available*

1. Quels sont trois avantages des transports en commun?

_____

_____

2. Pourquoi sont-ils plus pratiques que la voiture? Mentionnez deux choses.

_____

_____

_____

3. Comment prendre les transports en commun aide-t-il l'environnement?

_____

_____

4. Que doit-on faire, selon ce Parisien, pour encourager plus de gens à utiliser des transports en commun?

_____

_____

✔ Page 3

Dictée

LE JOUR DU PERMIS CD3, track 10

Stéphanie Regard, étudiante de 18 ans, nous raconte le jour où elle a passé son permis de conduire. Vous allez entendre le passage trois fois. La première fois, écoutez; la deuxième fois, écrivez; la troisième fois, vérifiez.

_____

_____

_____

_____

_____

_____

_____

_____

_____

 Page 3

Chapitre 5

Les voyages

www.cengagebrain.com/login

 Vérifiez vos réponses *(Student Activities Manual Answer Key and Audio Script)*

Phonétique

TO THE STUDENT: Start the audio segment for Chapter 5 and listen carefully to the explanations and instructions, while following along in the text below. Enunciate clearly when instructed to repeat a word, a group of words, or a sentence.

A L'enchaînement   CD3, track 11

In Chapter 3 **Phonétique,** you learned about **liaison**—the linking of a final consonant (that *is normally not pronounced*) with the initial vowel sound of the next word, as in **petit** (pronounced "peti") and **petit hôtel** (pronounced "peti totel").

In spoken French, there are also many words in which the final consonants of the last syllable are *normally pronounced.* For example, you hear the final consonant in the words **bel, cet,** and **sac**; and you hear the final consonant in the final syllable of the words **caravane** and **détendre.**

Enchaînement is the technical name for the *linking* in spoken French of a *normally pronounced* consonant in the final syllable of one word with the initial vowel sound of the next word. For example, "sac à dos" is pronounced as if it is written "sa ka doe").

Exercise A-1

◆ Repeat the pronunciation of the single word and the groups of words that follow. Be very careful to pronounce the final consonant of the first word in the group as if it is actually the first letter of the first syllable of the word that follows. This will allow you to correctly link the consonant sound with the initial vowel sound of the second word.

1. elle / elle arrive

2. cet / cet aéroport

3. pour / pour un jour

4. entre / entre amis

5. notre / notre adresse

6. quatre / quatre activités

7. un sac / un sac à dos

8. j'arrive / j'arrive en train

9. comme / comme avant

10. le monde / le monde est grand

Nom _____ Date _____

B Liaisons interdites   CD3, track 12

In Chapter 3 **Phonétique,** you practiced making the **liaisons** that are required in correct spoken French. It is also important to know when **liaisons** should *not* be made.

Exercise B-1

You will now practice a few of the more common word combinations in which you should *not* make a **liaison.**

◆ Repeat each example in French as you hear it.

Do not make a liaison between:

- a noun and a verb
     Jean arrive
         X
- a plural noun subject and a verb
     les enfants ont fait
              X
- a pronoun and a verb (except the personal pronouns **il, elle, on, vous, nous, ils, elles**)
     quelqu'un écoute
             X
- a noun and the descriptive adjective that follows
     une maison immense
              X
- an inverted subject pronoun and the vowel that follows
     Partent-ils avec nous?
              X
- an interrogative adverb and the verb
     Quand est-il parti?
          X

There are two exceptions to this rule: The final **t** of **comment** is pronounced with the vowel **a** that follows in the question **Comment allez-vous?**; and the final **d** is pronounced as a **t** linked with the vowel **e** that follows in the question **Quand est-ce que... ?**

- the conjunction **et** with a vowel that follows
     Michèle et Olivier
            X
- a consonant and an **h aspiré**
     les héros
        X

Exercise B-2   CD3, track 13

Now you will hear ten sentences. In these sentences, the liaisons you should pronounce are indicated by (‿) and those that are not possible in spoken French are indicated by (x).

◆ Repeat each sentence after you hear it.

1. Quand est-elle partie?
        X

2. L'avion est en retard.
        X

3. Chacun est arrivé avant l'heure.
        X

4. Françoise et Alain voyagent en Allemagne.
              X

5. Quelqu'un a pris ma place dans le train.
             X

6. Voyagent-ils ensemble?
             X

7. Il y a des enfants insupportables dans cette colonie de vacances.
                   X

8. Ces garçons aiment faire du ski.
              X

9. Les auberges ont très peu de chambres.
               X

10. Je cherche un restaurant ouvert le dimanche soir.
                           X

C The French *r*, PART 2   CD3, track 14

At the beginning of *Sur le vif*, you practiced the correct pronunciation of the French **r** in vocabulary taken from Chapter 1. Now that you are studying the formation of the future and the conditional, it is a good time to review this consonant sound. Remember, correct pronunciation of the French **r** is controlled by the back of the tongue.

Exercise C-1

◆ Imitate as closely as possible the pronunciation of the following pairs of verbs, and be especially careful to produce a good French **r.**

	Future	Conditional
1.	partira	partirait
2.	amuserons	amuserions
3.	voyagerai	voyagerais
4.	prendras	prendrais
5.	ferez	feriez
6.	irons	irions
7.	viendront	viendraient
8.	mourra	mourrait
9.	serai	serais
10.	auront	auraient

Exercise C-2   CD3, track 15

Now you will hear ten verbs that are either in the future or the conditional.

◆ Listen very carefully to the pronunciation of each verb.
◆ Indicate how many times you hear the consonant **r** in each verb by checking (✔) the appropriate box. Remember that the consonant **r** can be in the stem of the verb as well as in the ending. The double consonant (**rr**) should only be counted once.
◆ Repeat each verb after you hear it a second time.

	1 time	2 times	3 times
1.	☐	☐	☐
2.	☐	☐	☐
3.	☐	☐	☐
4.	☐	☐	☐
5.	☐	☐	☐
6.	☐	☐	☐
7.	☐	☐	☐
8.	☐	☐	☐
9.	☐	☐	☐
10.	☐	☐	☐

✔ Page 3

Nom _____ Date _____

D The pronunciation of e in the future and the conditional   CD3, track 16

The vowel **e** in French has several possible pronunciations when it does not have an accent, depending on its position relative to other vowels and consonants. In the future and the conditional, the vowel/consonant combination **ri** requires the pronunciation of the unaccented **e**.

The unaccented **e** that precedes the conditional verb endings of the first and second person plural forms of **-er** verbs is pronounced one way, whereas this same **e** in the future verb endings of those forms is pronounced a different way.

Exercise D-1

◆ Repeat the following pairs of verbs, paying close attention to the different pronunciation of the underlined, unaccented **e** that precedes the verb endings.

	Future	Conditional
1.	voyagerons	voyagerions
2.	ferez	feriez
3.	bronzerons	bronzerions
4.	serons	serions
5.	coucherez	coucheriez

Exercise D-2   CD3, track 17

Now you will hear five sentences.

◆ Indicate by a checkmark (✓) whether the verb in each sentence is in the future or the conditional.
◆ Repeat each sentence after you hear it a second time.

	Future	Conditional
1.	☐	☐
2.	☐	☐
3.	☐	☐
4.	☐	☐
5.	☐	☐

✔ Page 4

Compréhension

ANTIBES JUAN-LES-PINS

A Avant d'écouter. En vacances.

1. De ces activités, lesquelles aimeriez-vous faire en vacances?

   _____ jouer au basket   _____ nager
   _____ jouer au squash   _____ visiter des monuments historiques
   _____ faire de la randonnée   _____ visiter des musées d'art
   _____ jouer au tennis   _____ écouter de la musique

2. Quelles sont deux de vos activités préférées quand vous êtes en vacances?

   _____

   _____

3. Et qu'est-ce que vous n'aimez pas du tout faire en vacances?

   _____

   _____

4. Nommez trois activités nautiques.

   _____

   _____

CD3, track 18

B En écoutant. Vous allez entendre une publicité pour Antibes Juan-les-Pins. Puis indiquez si les phrases qui suivent sont vraies (V) ou fausses (F)

VOCABULAIRE UTILE: **parachute ascensionnel:** quand on fait du ski nautique et un parachute vous tire vers le ciel.

_____ 1. Antibes Juan-les-Pins est une ville située à 25 km de la mer.

_____ 2. Antibes Juan-les-Pins était autrefois la seule métropole entre la ville de Marseille et la frontière est du pays.

_____ 3. Les sportifs qui n'aiment pas les plaisirs de la mer ne voudraient pas passer leurs vacances à Antibes Juan-les-Pins.

_____ 4. Les non-sportifs peuvent se cultiver pendant leur séjour à Antibes Juan-les-Pins.

_____ 5. Si on y va au mois de juillet, on peut assister au festival de jazz.

_____ 6. Il n'y a pas de gare à Antibes Juan-les-Pins, alors il faut prendre sa voiture pour y aller.

✔ Page 4

Dictée

LES PREPARATIFS DU DEPART   CD3, track 19

Myriam et Philippe vont passer leurs vacances en Martinique, aux Antilles, mais avant de partir Myriam laisse un message dans la boîte vocale d'Antoine, leur voisin. La première fois, écoutez; la deuxième fois, écrivez; la troisième fois, vérifiez.

VOCABULAIRE UTILE: arroser donner de l'eau à une plante

        une noix de coco *coconut*

        ciao au revoir

_____

_____

_____

_____

_____

_____

_____

_____

_____

✔ Page 4

Chapitre 6

Ciné et télé

🌐 **www.cengagebrain.com/login**

> ✅ Vérifiez vos réponses *(Student Activities Manual Answer Key and Audio Script)*

Phonétique

TO THE STUDENT: Start the audio segment for Chapter 6 and listen carefully to the explanations and instructions while following along in the text below. Enunciate clearly when instructed to repeat a word, a group of words, or a sentence.

A Syllables in French   CD3, track 20

As you learned in Chapter 4 **Phonétique,** syllables in French tend to end on a vowel sound. Sometimes syllables end on a consonant sound, however, especially if the consonant is **r.** One of the major keys to good pronunciation in French is to be able to group the syllables of the words you use the same way a native speaker of the language would.

Exercise A-1

Practice dividing syllables in French by imitating as closely as possible the pronunciation of each of the following words. The correct syllable divisions are shown in brackets.

Repeat each word after you hear it.

1. cinéma   [ci né ma]

2. télévision   [té lé vi sion]

3. vedette   [ve dette]

4. interpréter   [in ter pré ter]

5. programmation   [pro gra mma tion]

Exercise A-2   CD3, track 21

Now you will hear ten additional words or groups of words from the vocabulary of Chapter 6.

◆ Listen carefully to the words or groups of words.
◆ Indicate the number of syllables you hear in each word by checking (✔) the appropriate box.
◆ Compare your answer to the one you hear.
◆ Repeat the word after you hear it a second time.

	1 syllable	2 syllables	3 syllables	4 syllables	5 syllables
1.	☐	☐	☐	☐	☐
2.	☐	☐	☐	☐	☐
3.	☐	☐	☐	☐	☐
4.	☐	☐	☐	☐	☐

5.	☐	☐	☐	☐	☐
6.	☐	☐	☐	☐	☐
7.	☐	☐	☐	☐	☐
8.	☐	☐	☐	☐	☐
9.	☐	☐	☐	☐	☐
10.	☐	☐	☐	☐	☐

 Page 4

B The vowel e, PART 2   CD3, track 22

In Chapter 5 **Phonétique,** you were introduced to various pronunciations of the vowel **e** in the conditional forms of certain regular and irregular verbs.

In **Structures** of this chapter, you are reviewing verb stem spelling changes in verbs like **préférer, projeter,** and **appeler,** so it is a good time to review the pronunciation of the vowel **e.**

In order to correctly pronounce these stem change verbs presented in Chapter 6, you will need to be able to identify and produce three different sounds of the vowel **e:**

◆ [ə]   the unaccented **e:** You hear this vowel sound in the words **je** and **ne.**
◆ [ɛ]   the "open" **e:** You hear this vowel sound in the words **bel** and **jette.**
◆ [e]   the "closed" **e:** You hear this vowel sound in the words **café** and **chez.**

Exercise B-1

Practice pronouncing the "open" **e** sound by repeating the following ten words as you hear them. The letters that contain the "open" **e** sound are underlined.

1. préfère   6. première

2. projetterai   7. sec

3. hier   8. guerre

4. avec   9. antenne

5. répète   10. cassette

Exercise B-2   CD3, track 23

The "open" **e** vowel sound also occurs in the vowel combination **ai.** Continue practicing the "open" **e** vowel sound by repeating each of the following words as you hear them. The letter combinations that are pronounced as an "open" **e** vowel sound are underlined.

1. faites   5. haine

2. aime   6. maigre

3. jamais   7. laide

4. chaîne   8. plaire

Exercise B-3   CD3, track 24

The "closed" vowel **e** sound is the sound you will hear in the underlined letter **e** of the following words. This is always the correct pronunciation of the letter **e** that has an accute accent, but it is also the correct pronunciation for the infinitive ending of -**er** verbs, as well as many one-syllable words whose final consonant is not pronounced at all. This vowel sound is called "closed" because to produce it correctly the jaws must be closer together (or more "closed") than they are for the production of the "open" **e** sound that you have just practiced.

◆ Repeat each word after you hear it, being careful to imitate as closely as possible the underlined sound of the "closed" **e.**

1. caf<u>é</u>	**6.** n<u>e</u>z
2. l<u>es</u>	**7.** regard<u>e</u>r
3. ch<u>e</u>z	**8.** regard<u>é</u>
4. d<u>es</u>	**9.** pr<u>é</u>f<u>é</u>r<u>é</u>
5. th<u>é</u>	**10.** premi<u>e</u>r

Exercise B-4   CD3, track 25

Here are some helpful hints for the correct pronunciation of the vowel **e** in verb stems and endings.

◆ Repeat each example that you hear in French.

1. Pronounce as an unaccented **e** if it has no accent and is the last *pronounced* letter of any syllable except the last one of the word.

> j<u>e</u>ter   (j**e** / ter)
> préfér<u>e</u>ra (pré / fé / **re** / ra)

2. Pronounce as an "open" **e** if it has a *grave accent* or is followed by a double consonant in the same syllable:

> l<u>è</u>ve
> préf<u>è</u>re
> j<u>e</u>tte
> app<u>e</u>lle

3. Pronounce as a "closed" **e** if it has an *acute accent,* or is part of the **-er** ending of the infinitive:

> achet<u>é</u>
> achet<u>e</u>r

Exercise B-5   CD3, track 26

Now you will hear ten sentences. Each of these sentences contains a stem-change verb such as the ones you have been studying in **Structures** of Chapter 6. In each of these verbs you will see an **e** that is underlined.

◆ Listen carefully to the sentence.
◆ Indicate whether the underlined **e** is unaccented, "open," or "closed" by checking (✔) the appropriate box to the right.
◆ Compare your answer to the one you hear.
◆ Repeat the sentence when you hear it a second time, being careful to correctly pronounce the underlined **e.**

		Unaccented	Open	Closed
1.	Quel film préf<u>è</u>res-tu?	☐	☐	☐
2.	Ach<u>e</u>tez deux billets, s'il vous plaît.	☐	☐	☐
3.	On a proj<u>e</u>té ce film la semaine dernière.	☐	☐	☐
4.	Comment s'app<u>e</u>llent ces deux acteurs?	☐	☐	☐
5.	Nous jett<u>e</u>rons des fleurs à cette actrice merveilleuse.	☐	☐	☐
6.	Quand préf<u>é</u>rerez-vous aller au cinéma?	☐	☐	☐
7.	Nous app<u>e</u>llerions cette vedette si nous avions son numéro.	☐	☐	☐
8.	Pourquoi as-tu j<u>e</u>té la télécommande?	☐	☐	☐
9.	Ach<u>è</u>terez-vous un nouveau téléviseur?	☐	☐	☐
10.	On proj<u>e</u>ttera ce film à partir de demain.	☐	☐	☐

✔ Page 4

C The unaccented vowel e in certain words or word groups   CD3, track 27

The unaccented vowel **e** is *not pronounced* when it is the final letter of a noun or a verb form.

Exercise C-1

◆ Listen carefully to the pronunciation of the words below selected from the vocabulary lists of Chapters 1–6.

◆ Repeat each word after you hear it. The unaccented vowel **e** that is not pronounced is crossed out.

Chapter 1:
   écol¢
   class¢
   élèv¢
   not¢
   moyenn¢
Chapter 2:
   minc¢
   chauv¢
   tach¢
   costum¢
   casquett¢
Chapter 3:
   stag¢
   bénévol¢
   usin¢
   chômag¢
   grèv¢

Chapter 4:
   march¢
   casqu¢
   point¢
   pann¢
   amend¢
Chapter 5:
   auberg¢
   plag¢
   planch¢
   chass¢
   neig¢
Chapter 6:
   dram¢
   annonc¢
   chaîn¢
   sall¢
   télécommand¢

CD3, track 28

The unaccented **e** is also *not always pronounced* in certain word combinations.

You will now hear eight sentences that contain words or groups of words with this *unpronounced,* unaccented vowel **e**. This manner of speaking is often referred to as "standard French pronunciation." However, native French speakers from certain regions of France and from other Francophone countries often pronounce this unaccented **e** that remains silent in "standard French." At this point in your study of French, it is important for you to *recognize* the words and expressions you hear, even if you do not hear all of the letters that make up the spelling of the words.

Exercise C-2

◆ Repeat each sentence after you hear it, being careful not to emphasize the vowel **e** that is crossed out.

1. Je lui dis de n¢ pas y aller.

2. Je dis c¢ que je pense.

3. Je n¢ sors pas parc¢ que je suis fatigué.

4. Qu'est-c¢ qu'il dit?

5. Il y a trop d¢ monde.

6. Je n¢ sais pas c¢ qui se passe.

7. Je te promets que c¢ documentaire est bon.

8. Il nous conseille de n¢ pas voir le film.

Compréhension / Dictée

LA TELEVISION

A Avant d'écouter. Avant l'invention de la télévision, que faisait-on le soir pour s'amuser? (Mentionnez au moins trois choses.)

_____

_____

_____

_____

_____

CD3, track 29

B En écoutant. Ecoutez, autant de fois que vous voulez, la chanson *L'Intruse* du chanteur français Pierre Lachat.

VOCABULAIRE UTILE: les tueries *slaughters, massacres*
dénoncer *to denounce*

1. Complétez texte de la chanson.

Un jour elle _____ Madame

_____ elle _____ Madame

Elle n'm'a pas demandé mon avis

Mais d'un ton sans réplique, _____:

_____

_____

Depuis elle est la reine Madame

L'unique souveraine Madame

D'ailleurs elle a de _____

_____ la contrarier

_____

_____

_____

Elle se contredit souvent Madame

Elle aime beaucoup les tueries

Elle va _____ faire aimer aussi…

Je la dénonce comme _____

_____

Souvent on l'entend crier Madame

On a _____ chez nous _____

Chez nous _____

Sans quoi je _____ dehors…

Nous serons _____ bientôt mis _____

_____

2. **Avez-vous compris?** Répondez aux questions.

    a. Trouvez quatre mots que le chanteur utilise pour suggérer le pouvoir de la télévision.

        1. _____

        2. _____

        3. _____

        4. _____

    b. Selon le chanteur, qu'est-ce qui change à la maison quand la télévision arrive?

    _____

    _____

    c. Pourquoi le chanteur compare-t-il la télévision à un poison?

    _____

    _____

    d. Dans quel sens la télévision est-elle une « intruse »?

    _____

    _____

3. **Votre opinion.** Etes-vous d'accord avec le chanteur? Expliquez.

_____

_____

_____

_____

_____

_____

_____

_____

_____

_____

_____

✔ Page 5

Chapitre 7

Traditions

 www.cengagebrain.com/login

Phonétique

TO THE STUDENT: Start the audio segment for Chapter 7 and listen carefully to the explanations and instructions, while following along in the text below. Enunciate clearly when instructed to repeat a word, a group of words, or a sentence.

A The semi-vowel sounds in French   CD4, track 2

A semi-vowel occurs in speech when one vowel forms a single syllable with the vowel next to it.

The first semi-vowel sound you will practice is [ɥ]. English has no sound comparable to this.

In French, this sound is found in words in which:

◆ the vowel **u** is followed in the same syllable by **i,** as in the word n**ui**t
◆ the vowel **u** is followed in the same syllable by **y,** as in the word ennu**ye**r
◆ the vowel **u** is followed in the same syllable by **e,** as in the word t**ue**r.

Exercise A-1

◆ Listen carefully to the pronunciation of each of the following words.
◆ Repeat each word as you hear it, imitating as closely as possible the sound of the semi-vowel [ɥ]. This is the correct pronunciation of the underlined pairs of vowels.

1. l**ui**
2. p**ui**s
3. s**ui**s
4. h**ui**t
5. pl**ui**e

6. fr**ui**t
7. ennu**y**er
8. t**ue**r
9. dep**ui**s
10. br**ui**t

Exercise A-2   CD4, track 3

Now you will hear three sentences.

◆ Listen carefully to each sentence.
◆ After you hear each sentence, indicate how many times the semi-vowel [ɥ] occurs.
◆ Repeat the sentence when you hear it a second time.

Number of times you hear [ɥ]

1. _____   2. _____   3. _____

 Page 5

CD4, track 4

The second semi-vowel sound you will practice is [w]. This same sound exists in English in words like *wow* and *wool*.

In French, this sound is most often found in words in which:

◆ the vowel combination **ou** is followed by another vowel, as in the name **Louis.**
◆ the vowel combination **oi** or **oy** occurs, as in *oiseau* and **voyage.**

Exercise A-3

◆ Listen carefully to the pronunciation of the following words.
◆ Repeat each word after you hear it, imitating as closely as possible the sound of the semi-vowel [w]. This is the correct pronunciation of the underlined pairs of vowels.

1. fr<u>oi</u>d   6. d<u>ou</u>ane

2. b<u>oi</u>ve   7. av<u>ou</u>er

3. dr<u>oi</u>t   8. tr<u>oi</u>s

4. m<u>oy</u>en   9. r<u>oi</u>

5. <u>ou</u>est   10. l<u>oi</u>n

Exercise A-4   CD4, track 5

Now you will hear three sentences.

◆ Indicate how many times the semi-vowel [w] occurs in each sentence as it is read.
◆ Repeat the sentence when you hear it a second time.

Number of times you hear [w]

1. _____   2. _____   3. _____

 Page 5

CD4, track 6

The third semi-vowel sound you will practice is [j]. This sound is often referred to as the **yod,** and it also exists in English, as in the word *year*. The French **yod** occurs in many different vowel / consonant combinations.

Exercise A-5

◆ Repeat each of the following examples in French as you hear them.

i + vowel	vowel + **y**	vowel + **ill**
h<u>ie</u>r	ess<u>ay</u>er	ma<u>ill</u>ot
r<u>i</u>ons	ess<u>uy</u>er	merve<u>ill</u>eux
y + vowel	vowel + **il**	consonant + **ill**
<u>y</u>oga	trav<u>ail</u>	fi<u>ll</u>e
L<u>y</u>on	<u>œil</u>	fami<u>ll</u>e

Exercise A-6 CD4, track 7

◆ Listen carefully to the pronunciation of the following words.
◆ Repeat each word as you hear it, imitating as closely as possible the sound of the semi-vowel [j] in each. This is the correct pronunciation of the underlined pairs of vowels.

1. ta<u>ill</u>e

2. par<u>ei</u>l

3. f<u>euill</u>e

4. pa<u>y</u>er

5. b<u>ill</u>et

6. sol<u>ei</u>l

7. <u>aill</u>e

8. somm<u>ei</u>l

9. faut<u>euil</u>

10. cr<u>i</u>ons

Exercise A-7 CD4, track 8

Now you will hear three sentences.

   Listen carefully to the sentence as it is read.
   Indicate how many times the semi-vowel [j] occurs.
   Repeat the sentence when you hear it a second time.

Number of times you hear [j]

1. _____

2. _____

3. _____

 Page 5

Exercise A-8 CD4, track 9

You will now hear the following eight sentences, which are based on the vocabulary and theme of Chapter 7.

◆ Listen carefully to the pronunciation of each sentence.
   Circle all the semi-vowels you hear.
   Compare the words in which you have circled semi-vowel sounds with the words you hear.
   Repeat each sentence as it is read a second time.

1. Toute la famille du roi est royale.

2. Je doute qu'on puisse tuer l'ogre.

3. Il était une fois une sorcière gentille.

4. Louis croit à la magie noire.

5. Hier, les trois chevaliers sont partis en voyage.

6. Sous la pluie, il fait froid et les feuilles tombent.

7. Au pays des merveilles, le soleil brille et on ne s'ennuie pas!

8. Un fruit empoisonné l'a fait s'évanouir.

   Page 5

B The semi-vowels and the subjunctive CD4, track 10

The semi-vowel sounds are found in the pronunciation of many forms of the subjunctive in French. When you learn to recognize the letter combinations in written French that create semi-vowel sounds, you will be able to pronounce the verb forms accurately and to identify the use of the subjunctive in speech.

Exercise B-1

Here is a list of ten verbs in the subjunctive.

◆ Identify the semi-vowel(s) that each verb contains by checking the appropriate box(es). Note that some verb forms may contain more than one semi-vowel sound.
◆ Pronounce the verb form, along with the conjunction **que** and the subject pronoun.
◆ Listen carefully as the clause is read for you.
◆ Repeat the clause.

	[ɥ]	[w]	[j]			[ɥ]	[w]	[j]
1. que j'aille	☐	☐	☐	**6.**	qu'il veuille	☐	☐	☐
2. que nous croyions	☐	☐	☐	**7.**	que tu puisses	☐	☐	☐
3. que vous ayez	☐	☐	☐	**8.**	qu'ils boivent	☐	☐	☐
4. que tu suives	☐	☐	☐	**9.**	qu'elle reçoive	☐	☐	☐
5. que vous finissiez	☐	☐	☐	**10.**	que je conduise	☐	☐	☐

✔ Page 5

Compréhension

UN CONTE DE MADAGASCAR

A **Avant d'écouter.** D'après vous, qui a plus d'autorité dans une famille, la mère ou le père? Expliquez votre réponse.

_____

_____

_____

_____

_____

CD4, track 11

B **En écoutant.** Le récit que vous allez entendre est un conte de Madagascar qui explique l'origine de l'autorité paternelle sur les enfants. Ecoutez puis répondez aux questions.

VOCABULAIRE UTILE: **sang** _blood_
                        santé _health_

1. Quel est le problème au début du conte?

_____

_____

2. Qu'est-ce que les parents doivent faire?

_____

_____

3. Comment la mère réagit-elle et pourquoi?

_____

_____

4. Et le père? Que veut-il en échange?

_____

_____

5. Et votre opinion? Finissez les phrases.

   a. Je suis étonné(e) que _____.

   b. J'aimerais mieux que _____.

✔ Page 5

Dictée

UNE DEMOISELLE CURIEUSE   CD4, track 12

Vous allez entendre la description d'une jeune fille pas comme les autres. La première fois, écoutez; la deuxième fois, écrivez; la troisième fois, vérifiez.

_____

_____

_____

_____

_____

_____

_____

_____

_____

✔ Page 6

Chapitre 8

En famille

✓ Vérifiez vos réponses *(Student Activities Manual Answer Key and Audio Script)*

Phonétique

TO THE STUDENT: Start the audio segment for Chapter 8 and listen carefully to the explanations and instructions, while following along in the text below. Enunciate clearly when instructed to repeat a word, a group of words, or a sentence.

A Nasal vowels, PART 3 CD4, track 13

In Chapter 2 **Phonétique,** you reviewed the nasal vowel sounds heard in the descriptive adjectives **mince, grand,** and **rond,** and in Chapter 4 **Phonétique,** you practiced nasal vowel sounds found in certain vocabulary words of that chapter.

Remember that if a vowel is followed in the same syllable by a single **m** or **n,** it is nasalized. To nasalize a vowel, you pronounce it by releasing air through both your mouth and your nose.

In **Structures** of this chapter, you are studying some irregular verbs and adverb forms that contain nasal vowel sounds, so now is a good time for additional practice of the nasal vowels in French.

The first nasal vowel sound you will practice is [ɛ̃], represented by this symbol in the International Phonetic Alphabet.

This nasal vowel sound is the correct pronunciation of the following vowel and consonant combinations:

-in	-ain
-yn	-aim
-im	-oin
-ym	-ein
-ien	-eim
-yen	-éen

Exercise A-1

[ɛ̃] is the nasal sound you hear in the following words from this chapter vocabulary and **Structures.** The vowel and consonant combinations that produce this nasal sound are underlined.

◆ Repeat each word after you hear it.

1. vient
2. bien
3. copain
4. moins
5. soutiens

Exercise A-2 CD4, track 14

[ɛ̃] is the also the nasal vowel sound found in the following proper names.

◆ Repeat each name after you hear it.

1. Mart<u>in</u>
2. Al<u>ain</u>
3. Luci<u>en</u>
4. Berl<u>in</u>
5. R<u>eims</u>

Exercise A-3 CD4, track 15

[ɛ̃] is also the nasal vowel sound found in the following words that you might use or hear frequently.

◆ Repeat each word after you hear it.

1. r<u>ien</u>
2. comb<u>ien</u>
3. lyc<u>éen</u>
4. v<u>in</u>
5. p<u>ain</u>

CD4, track 16

The second nasal vowel sound you will practice is [ɑ̃], represented by this symbol in the International Phonetic Alphabet. This nasal vowel sound is the correct pronunciation of the following vowel and consonant combinations:

-en-	-am
-em	-aen
-an	

Exercise A-4

[ɑ̃] is the nasal sound you hear in the following words from this chapter vocabulary and **Structures.** The vowel and consonant combinations that produce this nasal sound are underlined.

◆ Repeat each word after you hear it.

1. polim<u>ent</u>
2. souv<u>ent</u>
3. par<u>ents</u>
4. enf<u>ant</u>
5. constamm<u>ent</u>

Exercise A-5 CD4, track 17

[ɑ̃] is the same nasal sound found in the following proper names.

◆ Repeat each name after you hear it.

1. J<u>ean</u>
2. Christi<u>an</u>
3. Ad<u>am</u>
4. C<u>aen</u>
5. Rol<u>and</u>

Exercise A-6   CD4, track 18

[ɑ̃] is also the nasal vowel sound found in the following words that you might use or hear frequently.

◆ Repeat each word after you hear it.

1. compr<u>end</u>

2. gr<u>and</u>

3. cont<u>ent</u>

4. qu<u>and</u>

5. t<u>emps</u>

CD4, track 19

The third nasal vowel sound you will practice is [ɔ̃], represented by this symbol in the International Phonetic Alphabet. This nasal vowel sound is the correct pronunciation of the following vowel and consonant combinations:

   -on
   -om

Exercise A-7

[ɔ̃] is the nasal sound you hear in the following words from this chapter vocabulary and **Structures.** The vowel and consonant combinations that produce this nasal sound are underlined.

◆ Repeat each word after you hear it.

1. c<u>on</u>cubinage

2. gr<u>on</u>der

3. c<u>on</u>fiance

4. locati<u>on</u>

5. gaz<u>on</u>

6. tr<u>om</u>per

Exercise A-8   CD4, track 20

[ɔ̃] is the same nasal sound found in the following proper names.

◆ Repeat each name after you hear it.

1. Sim<u>on</u>

2. Gast<u>on</u>

3. Raym<u>ond</u>

4. Ly<u>on</u>

5. Chin<u>on</u>

Exercise A-9   CD4, track 21

[ɔ̃] is also the nasal vowel sound found in the following words that you might use or hear frequently.

◆ Repeat each word after you hear it.

1. rais<u>on</u>

2. quest<u>ion</u>

3. n<u>om</u>

4. n<u>on</u>

5. b<u>on</u>

Exercise A-10   CD4, track 22

Now you will hear ten sentences.

◆ Listen carefully as each sentence is read.
◆ Circle each nasal vowel you hear.
◆ Indicate, by putting a number in the appropriate box(es), how many times you hear each of these nasal vowels.
◆ Compare your answers to the ones you hear.
◆ Repeat each sentence after you hear it a second time.

	[ɛ̃]	[ɑ̃]	[ɔ̃]
1. Les enfants se disputent violemment avec leurs parents.	☐	☐	☐
2. De temps en temps, Jean devient mécontent.	☐	☐	☐
3. Alain vient souvent avec son copain Roland.	☐	☐	☐
4. Martin a raison de poser poliment sa question.	☐	☐	☐
5. Heureusement on a acheté du pain et du vin.	☐	☐	☐
6. Lucien va gronder Vincent parce qu'il n'a pas tondu le gazon.	☐	☐	☐
7. Non, son nom n'est pas Gaston.	☐	☐	☐
8. La solution est simple: on prend le train.	☐	☐	☐
9. Allons, rentrons, il fait trop de vent!	☐	☐	☐
10. Comment vont tes parents? Les miens vont bien.	☐	☐	☐

✔ Page 6

B The vowel sounds [ø] and [œ]   CD4, track 23

When the letters **e** and **u** appear together in a French word, English speakers are often not sure how to pronounce this vowel combination. There are actually two possible pronunciations in French, and neither of them exists in English.

-**eu** in French spelling can be pronounced as:

◆ the vowel sound in the *adverb* **mieux**. The vowel sound in **mieux** is [ø] because **e** and **u** are the last letters pronounced in the word; the final consonant **x** is not pronounced.
◆ the second vowel sound in the *adjective* **meilleur.** The vowel sound in **meilleur** is [œ] because **eu** is followed by a consonant in the same syllable that is pronounced. This pronounced consonant is **r.**

When you pronounce these two words correctly, you will notice that your mouth is open wider for the adjective **meilleur** than for the adverb **mieux.**

Exercise B-1

The vowel sound [ø] in the adverb **mieux** is also found in the five words below. The consonants that are *not* pronounced are underlined.

◆ Repeat each word after you hear it.

1. peu

2. bleu

3. vieu<u>x</u>

4. cheveu<u>x</u>

5. œu<u>fs</u>

Exercise B-2 CD4, track 24

The vowel sound [œ] in the adjective **meilleur** is also found in the five words below. The consonants that follow **eu** in the same syllable that *are* pronounced are underlined.

◆ Repeat each word after you hear it.

1. leu<u>r</u>

2. seu<u>l</u>

3. heu<u>re</u>

4. peu<u>r</u>

5. œu<u>f</u>

Exercise B-3 CD4, track 25

Now you will hear five sentences that contain words taken from both the vocabulary list and the **Structures** of this chapter.

◆ Listen carefully as each sentence is read.
◆ Circle each **eu** combination you see and hear in each sentence.
◆ Indicate, by putting a number in the appropriate box(es), how many times the sounds [ø] and [œ] occur in each sentence.
◆ Compare your answer to the one you hear.
◆ Repeat each sentence after you hear it a second time.

	[ø]	[œ]
1. Ma sœur m'en veut.		
2. Les enfants pleurent quand il pleut.		
3. On s'engueule souvent dans cette famille nombreuse.		
4. Elle ne passe pas l'aspirateur parce qu'elle est de mauvaise humeur.		
5. Les meilleurs parents comprennent le mieux leurs enfants.		

✔ Page 6

C Additional vowel sounds in French CD4, track 26

The first vowel sound you will practice in this section is [i]. This sound is represented in written French by the letters **i, î,** and **y.** To pronounce [i] accurately, simply open your mouth a tiny bit, shape your lips into a tense smile, and don't change the position of your mouth or tongue while producing the sound.

Exercise C-1

◆ Listen carefully to the pronunciation of the five words below.
◆ Repeat each word, imitating as closely as possible the vowel sound [i]. This is the correct pronunciation of the underlined letters.

1. célibataire
2. fils
3. ami
4. équitable
5. sympathique

CD4, track 27

The second vowel sound you will practice in this section is [y]. This sound is represented in written French as **u, û,** and **eu.**

[y] is sometimes more difficult for English speakers to pronounce correctly because they associate it with the English *u,* heard in the words *university* and *union,* for example.

To practice the correct pronunciation of the vowel sound [y] in French, put your mouth in a tense smile, then round your lips, keeping the tip of the tongue against the lower front teeth. Be careful not to let your tongue fall too low in your mouth, because that will produce the sound [u] (as in **tout**) instead of [y] (as in **tu**). Don't change the position of your mouth or tongue while producing the sound.

Exercise C-2

◆ Listen carefully to the pronunciation of the five words below taken from the vocabulary and **Structures** of this chapter.
◆ Repeat each word, imitating as closely as possible the vowel sound [y]. This is the correct pronunciation of the underlined letters.

1. plus
2. soutenu
3. unique
4. union
5. disputer

CD4, track 28

The third vowel sound you will practice in this section is [u]. You have already worked with the vowel sound [u] in Chapter 4. Remember that this sound is represented in written French as **ou, où,** or **oû.**

Exercise C-3

◆ Listen carefully to the pronunciation of the five words below taken from the vocabulary and **Structures** of this chapter.

◆ Repeat each word, imitating as closely as possible the vowel sound [u]. This is the correct pronunciation of the underlined letters.

1. s<u>ou</u>tenir

2. s<u>ou</u>vent

3. p<u>ou</u>belles

4. beauc<u>ou</u>p

5. part<u>ou</u>t

Exercise C-4   CD4, track 29

Now you will hear five sentences that contain words taken from both the vocabulary and the **Structures** of this chapter.

◆ Listen carefully as each sentence is read.
◆ Circle each syllable you hear that contains the vowel sounds [i], [y], or [u].
◆ Indicate, by putting a number in the appropriate box(es), how many times each vowel sound occurs.
◆ Compare your answer to the one you hear.
◆ Repeat each sentence after you hear it a second time.

	[i]	[y]	[u]
1. Son fils est l'enfant unique le plus sympathique que je connaisse.	☐	☐	☐
2. Ce père célibataire est soutenu par tous ses amis.	☐	☐	☐
3. Beaucoup de gens se disputent au sujet de l'union libre.	☐	☐	☐
4. Souvent les hommes doivent s'habituer à s'occuper des enfants.	☐	☐	☐
5. Ils essaient toujours de trouver une solution équitable.	☐	☐	☐

✔ Page 7

Compréhension

UNE FAMILLE RECOMPOSÉE

A **Avant d'écouter.** Quels sont les défis [*challenges*] quand une femme célibataire et un père de trois enfants décident de vivre ensemble? Voici une liste de possibilités; numérotez-les selon leur importance.
1 = le plus difficile 6 = le moins difficile

_____ **1.** décider où vivre

_____ **2.** s'entendre avec les enfants du premier mariage

_____ **3.** se mettre d'accord sur la répartition des tâches ménagères

_____ **4.** la situation financière

_____ **5.** choisir des destinations pour les vacances

_____ **6.** les relations avec l'ancienne femme

CD4, track 30

B **En écoutant.** Anne-Sophie vous raconte comment elle a fait la connaissance de son nouveau compagnon et comment elle s'est adaptée à sa nouvelle vie dans une famille recomposée. Après avoir écouté son histoire, finissez les phrases..

1. Elle a rencontré son compagnon _____.

2. Elle vivait à _____ et lui en _____.

3. Il a un fils de _____ ans, et deux filles de _____ ans et _____ ans.

4. Les relations avec les enfants sont _____ mais celles avec l'ex-femme sont

   plutôt _____.

5. Elle voudrait _____ mais il hésite à cause de leur situation financière.

   Pourtant il le ferait _____.

✔ Page 7

Dictée

LA COLOCATION   CD4, track 31

Jean-Christophe explique comment et pourquoi il vit en colocation. La première fois, écoutez. La deuxième fois, écrivez. La troisième fois, vérifiez.

VOCABULAIRE UTILE: **remplaçant:** personne qui remplace
coloc(s): colocataire(s)
se balader: se promener

_____

_____

_____

_____

_____

_____

_____

_____

_____

✔ Page 7

Chapitre 9

Sans frontières

 **www.cengagebrain.com/login**

✓ Vérifiez vos réponses *(Student Activities Manual Answer Key and Audio Script)*

Phonétique

TO THE STUDENT: Start the audio segment for Chapter 9 and listen carefully to the explanations and instructions, while following along in the text below. Enunciate clearly when instructed to repeat a word, a group of words, or a sentence.

◼ What's an "s"?   CD4, track 32

As you have no doubt noticed, there are French words in which the consonant **s** is not pronounced as "s"; there are also words in which a combination of a vowel and a consonant is pronounced as if the letter **s** were part of the spelling when it isn't. How can you tell when to pronounce a letter or a group of letters as an **s**, and when not to?

Exercise A-1

You will now hear some of the basic rules for the pronunciation of this sound, and some examples for each rule.

◆ Repeat each example in French that you hear.

1. Pronounce as "s":

   - the letter **s** that begins a word
     ses
   - the double **s**
     au**ss**i
   - the letter **s** that follows a nasal vowel
     ch**ans**on
   - the letter **s** followed by a consonant that is pronounced
     acou**st**ique
   - the letters **sc** when followed by **i** or **e**
     science   **sc**ène
   - the letter **c** when followed by **i** or **e**
     cinéma   **ce**nt
   - the letter **ç**
     ça   fa**ç**on   re**ç**u
   - the second **c** in the double consonant **cc**
     ac**c**ident
   - the letter **t** followed by **i** when the French word has an English cognate with the same -s sound
     démocra**ti**e *(democracy)*
     aristocra**ti**e *(aristocracy)*

- the letter **t** followed by **ion** in all French words except when the **t** is preceded by the letter -s
  na**tion**
  op**tion**
  but: que**st**ion

2. Pronounce as "**z**" the letter **s** when it is the single consonant between two vowels.

    civili<u>s</u>ation

3. When **s** is the final letter of a word, it is usually not pronounced.

    ami<s̷>
    dan<s̷>
    fille<s̷>

CD4, track 33

However, the final **s** *is* pronounced in some words that you might see or hear frequently in French, including proper names and words that come from other languages.

    fil<u>s</u>
    tenni<u>s</u>
    autobu<u>s</u>
    Texa<u>s</u>
    Tuni<u>s</u>

Exercise A-2

The fifteen following words are taken from the vocabulary and reading of this chapter.

- ◆ Listen to the word;
- ◆ Indicate, by checking the appropriate box (✔), whether the pronunciation of the word contains the sound **s** or **z,** or whether the consonant **s** is silent.
- ◆ Compare your answer to the one you hear.
- ◆ Repeat each word when you hear it a second time.

	s	**z**	**silent**
1. nation	☐	☐	☐
2. délocaliser	☐	☐	☐
3. citoyen	☐	☐	☐
4. gaspiller	☐	☐	☐
5. organisation	☐	☐	☐
6. asile	☐	☐	☐
7. pays	☐	☐	☐
8. glacier	☐	☐	☐
9. cieux	☐	☐	☐
10. tiers	☐	☐	☐
11. pollution	☐	☐	☐
12. solaire	☐	☐	☐
13. centrale	☐	☐	☐
14. usine	☐	☐	☐
15. bousiller	☐	☐	☐

✔ Page 7

B Jouons un peu! CD4, track 34

Do you like playing with words? Are you good at tongue twisters? If you work to master the following tongue twisters in French, you will be well on your way to perfecting your pronunciation of many of the sounds you have practiced in the lab materials for *Sur le vif.*

Exercise B-1

◆ Repeat each tongue twister after you hear it.
◆ Check the translation for comprehension.
◆ Repeat the tongue twister again after you hear it a second time.

1. The semi-vowel [w]

   Il était une fois une marchande de foie qui vendait du foie dans la ville de Foix.
   Once upon a time there was a liver merchant who sold liver in the town of Foix.

2. The sound **s**

   Si six scies scient six cyprès, six cents scies scient six cents cyprès.
   If six saws saw six cypress trees, six hundred saws saw six hundred cypress trees.

3. Silent endings

   Les vers verts levèrent le verre vert vers le ver vert.
   The green worms raised the green glass in the direction of the green worm.

4. The vowel sound [y]

   As-tu vu le tutu de tulle de Lili d'Honolulu?
   Have you seen the tulle tutu of Lili from Honolulu?

5. The nasal vowel [ɑ̃]

   Dans ta tente ta tante t'attend.
   In your tent your aunt is waiting for you.

6. The nasal vowel [ɔ̃]

   Ecartons ton carton car ton carton nous gêne.
   Let's move your box, because your box is bothering us.

7. The sound **r**

   Trois gros rats gris dans trois gros trous ronds rongent trois gros croûtons ronds.
   Three big fat gray rats in three big round holes gnaw three big round croutons.

8. The sound **s,** nasal vowels, and silent endings

   Si ces six cent six sangsues sont sur son sein sans sucer son sang, ces six cent six sangsues sont sans succès.
   If these 606 leeches are on his breast without sucking his blood, these 606 leeches are not successful.

Compréhension

NETTOYER LA PLAGE

Surfrider Foundation Europe est une association environnementale créée en 1990 à Biarritz à l'initiative de surfeurs, dans le sillage [*footsteps*] d'un mouvement de protection des littoraux [*coasts*] né en 1984 à Malibu, en Californie.

Elle rassemble aujourd'hui un réseau [*network*] de 1 700 bénévoles, 10 000 adhérents, plus de 45 000 sympathisants, autour d'une quarantaine d'antennes [*branches*] locales actives dans 12 pays d'Europe et au-delà.

A Avant d'écouter

1. Y a-t-il des journées de nettoyage (des lacs, des rivières, des plages, des sentiers de randonnées, etc.) dans votre région ou sur votre campus ? Si oui, qui les organise ? Qui participe ? Si non, avez-vous entendu parler de ces projets? Qu'en pensez-vous ?

_____

_____

_____

_____

2. Pourquoi, selon vous, les surfeurs voudraient-ils nettoyer les plages ?

_____

_____

CD4, track 35

B En écoutant. Vous allez entendre une partie d'un reportage sur une journée de nettoyage de la plage à Biarritz, dans le sud de la France, sur l'Atlantique, au nord de l'Espagne. Après l'avoir écouté, répondez aux questions.

VOCABULAIRE UTILE: Bixente Lizarazu : ancien footballeur (membre de l'équipe de France qui a gagné la Coupe du Monde en 1998)

1. Qui sont les « bénévoles » qui nettoient la plage ? Qui est leur « chef » ? Pourquoi a-t-on choisi une telle personne ?

_____

_____

2. Quelles leçons veut-on apprendre aux enfants ? Quand ils seront grands, que devraient-ils faire ?

_____

_____

3. Parmi les objets suivants, encerclez ceux qu'ils trouvent :

pinces à linge [*clothespins*]   boîtes
bouteilles en plastique   lunettes
filets en plastique   pansements [*bandages, band aids*]

4. Quelle est l'origine de tous ces déchets?

_____

✔ Page 8

Dictée

QU'EST-CE QU'UN LOCAVORE?   CD4, track 36

Savez-vous combien de kilomètres parcourt en moyenne un pot de yaourt pour arriver dans notre assiette? 9 000 km soit la distance entre Paris et Séoul! Et pour chaque yaourt! Bonjour l'empreinte carbone. De ce constat est né un mouvement très mode, le mouvement locavore. Ce mouvement est tellement dans le vent qu'il a fait son apparition en juin 2012 sur la chaîne de télévision France 5 en 6 épisodes grâce à une série documentaire intitulée « 200 km à la ronde ».

Ecoutez le passage qui définit ce que c'est qu'être locavore. La première fois, écoutez. La deuxième fois, écrivez. La troisième fois, vérifiez.

_____

_____

_____

_____

_____

_____

_____

_____

_____

_____

_____

_____

✔ Page 8